国家林业公益性行业科研专项经费资助项目"退耕还林工程效益监测、评估与优化技术"
（项目编号：201504424）

国家自然科学基金面上项目"基于碳汇效益内部化视角的造林补贴标准研究"
（项目编号：71173175）

国家自然科学基金面上项目"黄土高原地区退耕还林政策生态效益评价与提升路径"
（项目编号：71473195）

中国"三农"问题前沿丛书

造林补贴政策
与林业可持续发展

AFFORESTATION SUBSIDY POLICY
AND SUSTAINABLE FOREST DEVELOPMENT

于金娜　姚顺波　著

社会科学文献出版社
SOCIAL SCIENCES ACADEMIC PRESS (CHINA)

目　录

CONTENTS

第一章

导　论

一　研究背景

生态效益的市场失灵，只有代表社会利益的政府来进行调控才可以解决（张春霞等，2010），因此政府要对造林项目进行补贴，才能确保森林资源的有效供给（Liu et al.，2009）。世界上许多国家的造林项目均建立了一定时期内的某种类型的补贴机制，有直接的方式，也有间接的方式（Whiteman，2003；Cossalter and Pye-Smith，2003）。例如，在拉丁美洲、大洋洲和亚洲的许多造林项目，造林成本（包括额外的土地津贴）、维护成本及其他成本的70%均由政府给予补贴（Brown，2000），而这些补贴无疑是造林面积迅速增长的重要推动力，特别地，对私有林进行补贴可以实现森林资源的可持续发展（陈念东，2008），这是政府鼓励造林所追求的最终目标之一。当前全球面临气候变化的挑战，发展森林碳汇已经成为各国缓解气候变化问题的重要实现途径（王小玲等，2013），而要实现碳吸存这种森林的外部性效益，补贴毫无疑问地成为必不可少的政策手段。实质上，补贴是政府为了有效地解决森林保护的外部性问题而提供的一种经济诱导或者激励措施（洪志生、张春霞，2007a），目的是兼顾农户利益与社会利益。要想较低成本地实现政府的政策目标，最佳的选择是以市场为导向的经济激励手段，这比行政命令控制手段成本更低（Povellato et al.，2007）。政府自上而下的政策推动，会导致项目实施过程中的信息不对称，这会导致基于庇古税的补偿手段并不是最优的选择，而要完善林业项目的运行模型，市场化方法就是一种具有创新意义的可靠途径（张海鹏、徐晋涛，2010；Xu et al.，2011）。但市场也会失灵，再加之政府失灵以及林业生产主体的短期逐利倾向，因而基于市场的管制手段也有其局限性，自愿环境协议正是基于这样的大背景应运而生，自愿环境协议结合经济激励措施的环境管制方法，已经成为当前环境保护领域最具前途的方法。考虑到并非所有造林活动都会产生经济利润，并且某些形式的造林过程，从经济学视角考察它们经常是不足够好的（Thorsen，1999），因此需要政府给予造林项目相应的财政补贴。关于森林生态效益补偿标准的研究，主要采用效益补偿法及成本补偿法（朱蕾、吕杰，2007）。但由于森林生态效益的价值评估在学界并未形成统一的测量标准及方法，所以社会边际收益测算就存在困难，而由于信息的不对称，私人的边际收益测算也存在难度，因此，基于森林生态效益的补偿法存在不足。虽说成本补偿法是将林木不同生长期的造林及再生产成本作为补偿标准，但由于其忽略了林种生态和经济价值的差异，因此该方法也存在局限性。加之政府在经济领域的深度介入和公众参与不足，更使中国的生态补偿面临特殊的外部环境（王金南等，2006），政府利用其权力来制定实现其政策目标的生态补偿标准，而对农户（或生态保护者）而言，这部分补贴有可能并非他们愿意接受的，这样就会对农户形成不当的激励，进而不利于生态保护项目的开展。因此，森林生态补偿标准确定不科学严重地影响我国的生态安全（杨利雅、张立岩，2010），而合理的林业补贴标准的制定成为亟待研究和解决的重要科学和政策问题。

国内学者对于生态补偿的研究主要集中于补偿标准的确定（星胜田等，2008；黄锡生、潘璟，2008；阮本清等，2008）：补偿标准过低就不能适应市场经济的发展，不能充分激发农户造林积极性，而标准制定过高，又容易导致财政资金的浪费；在制定补偿标准时不仅要考虑地区的经济发展水平及当地的生态质量，而且林分的类型及林分质量也是不可忽略的重要因素（李文华等，2006），因此生态补偿标准的测算是一个技术关键和难点（李育才，2009）。虽然到目前为止，许多学者采用不同的方法对生态补偿标准的确定进行了研究，并提出了相应的对策建议，但并未形成系统的补偿标准测算思路，更不用说运用实证数据进行分析，确定出具体的具有可操作性的补偿标准了。而在现实操作中，黄土高原地区两大主要生态补偿工程——退耕还林和生态公益林保护，只有前者牵涉造林，涉及两个流域——长江流域和黄河流域，一刀切的补偿标准不仅划分比较粗糙，而且缺乏足够的公平性。该补偿标准并未涉及林种的差异，而各个林种的造林成本及管护成本存在明显差异，因此，这样的补偿标准明显不科学。当前的造林补贴标准并不能完全补偿退耕还林产出的收益（曹超学、文冰，2009），因此退耕还林过程中不断出现复垦现象，这充分说明了补偿标准并不完全合理，并非像政策预期的那样，能形成足够的造林激励。黄土高原具有特殊的生态地位，属于中国典型的生态脆弱区域，其生态补偿标准制定不合理，会导致生态危机，进而威胁到整个中国的生态安全，因此研究该区域的生态补偿标准具有非常重要的意义。

另外，为了克服农户参与不足及政府介入太深而导致的生态补偿的低效率，除了考虑地域及林种的差异外，还需要在确定合理的造林补贴标准时，充分考虑造林项目利益相关者的利益，尤其是林农追求的经济利益，因为林农才是造林的主体。在中国，多数的补偿标准都是由政府制定的，政府制定政策、制度初期，在关于补偿标准的确定上并未充分听取农户的意愿，之后在补偿政策试点过程中，根据不断涌现的问题，才慢慢调整补贴标准，以调动农户投身生态建设的积极性，但是这样就会大大降低补贴的效率。为了提升补贴的效率和补贴的效果，本书将会引入自愿环境协议手段，在充分考虑受偿者及政府利益的前提下，确定合理可行的造林补贴标准。这也是本书的一个创新之处，即将当前环境管制中的自愿性方式引入我国森林生态补偿体系，从林农和政府激励相容的视角出发，来构建一种科学合理的造林补贴标准的确定方法，以期完善现有的森林生态补偿标准体系。基于此，本书先从政府角度出发，其愿意支付的最高限度即造林所形成的生态效益（本书主要指碳吸存效益）；然后从林农角度出发，政府给予的补贴标准要高于林农可以接受的标准（即通过机会成本法和受偿意愿法综合得出的造林补贴标准）；最后本书构建了基于自愿环境协议框架的政府－林农协商模型，来确定合理的造林补贴标准。根据以上研究思路，本书主要采用机会成本、受偿意愿、碳吸存效益内部化、自愿环境协议等方法，以黄土高原地区边际农地上的造林行为为研究对象①，展开对造林最优补贴标准的研究，旨在设计出一种考虑碳吸存效益的造林补贴标准测算方法。该方法不仅涉及区域及林种的差异，还充分考虑到林农的造林意愿及政府的效率目标。在实证分析中，以黄土高原地区造林项目为例，得到该地区造沙棘林的补贴标准，以期为国内的造林工程补贴制度的建立健全提供参考依据。

---

① 之所以在此选择边际农地，是因为考虑到农地的产权比林地的产权更完全，如果在边际农地上造林，农户可有更多的砍伐自由。因为本书不考虑政策不稳定性而导致的林地产权不完全，进而使得林地的木材收入无法实现。

二 研究目的和意义

(一) 研究目的

要确定一个合理可行的补贴标准测算方法,笔者主要从两个视角、三种方法来研究造林补贴标准,即基于机会成本法和受偿意愿法的农户视角补偿诉求以及基于碳吸存效益内部化方法的政府视角补贴诉求,最后通过构建自愿环境协议框架,由农户与政府通过协商得到合理的造林补贴标准。具体目标有以下三点。

其一,通过碳吸存效益内部化,计算社会效益最大化条件下的轮伐期,并以该最优轮伐期内所实现的碳吸存效益的价值量,作为政府愿意支付的补贴标准,激励林农造林并将其私人轮伐期延长至社会最优轮伐期。所以,通过该研究思路需要达到两个具体的目标——一是确定基于政府视角的最优轮伐期,二是确定政府进行造林补贴的最高补贴标准,并以此作为基于政府视角的造林补贴诉求。

其二,以林农造林所用土地的利用类型为研究出发点,分析林农造林的机会成本,以之作为分析的基础,来测算造林补贴标准,并辅以林农造林的受偿意愿,综合考虑两者之后确定的造林补贴标准,是充分考虑林农意愿又具有现实可行性的补贴标准,因此,将此造林补贴标准视为林农视角的造林补贴诉求。

其三,通过自愿环境协议去构建政府和林农的自愿协商机制。政府会考虑其最高支付标准,林农也会思考其补贴诉求的底线,最终由两者共同决定最优的造林补贴标准。该目标也是本书的最终目标,即造林最优的、最合理的补贴标准。

（二）研究意义

基于机会成本法、受偿意愿法以及碳吸存效益内部化方法测算的造林补贴标准，构建自愿环境协议下制定造林补贴标准的合理思路，最终确定的合理造林补贴标准实现了政府与林农的激励相容。本书以陕西省吴起县退耕还沙棘林为例，根据以上思路进行最优造林补贴标准的确定。由于是通过自愿环境协议来确定的补贴标准，因此该标准可以有效地激励林农的造林积极性，并最终实现整个社会效益的最大化。本书的实证研究所得到的结论与延伸出的相关讨论，可以有力地推进和改善我国已经实施的退耕还林项目，并为国内其他造林补贴项目的开展及造林政策的制定提供政策参考，这是本书的实践意义与价值所在。

将碳吸存效益内部化到造林地的期望值方程中，在实现碳吸存效益和森林经济收益（包括森林的木材产品和非木质林产品两部分）最大化的基础上，结合林农造林的补贴诉求，将自愿环境协议方法纳入造林补贴的确定过程，这为我国造林项目补贴标准研究拓展了新的研究思路，为将来进一步研究造林补贴提供了一个新的平台。这是本书在理论方面的贡献。

三 国内外研究动态综述

生态补偿是被广泛关注的热点问题，从政府到非政府组织，从管理者至学者，对于建立系统的生态补偿机制和政策框架都有非常迫切的需要。生态补偿项目已经日益成为引导土地所有者进行环境友好型活动（例如生物多样性保护、水土保持等）的最受欢迎的手段。基于生态补偿的重要价值，许多学者对该领域进行了有益和有价值的探索。

生态补偿机制是补偿生态损失、维系生态潜力的一种有效的经济手段（俞海、任勇，2007）。生态补偿机制的建立具有重要的现实意义，它不仅仅有利于改善生态环境的质量，而且可以协调环境保护与经济发展的冲突，进而实现自然资源的可持续利用和经济社会的可持续发展（胡小飞等，2012）。Huang 和 Upadhyaya（2007）讨论了五个影响亚洲生态有偿服务项目的重要因素。第一，亚洲国家针对不同流域的治理结构各不相同：从命令控制模式到比较分散的参与式管理模式；反过来，正是这种治理结构影响着地方和中央政府支持生态有偿服务框架（PES）的制度与能力。第二，亚洲国家普遍人多地少，这就增加了生态有偿服务的交易成本。第三，亚洲的林地和农地大多是国家所有，而个人和集体拥有较弱的所有权和使用权，因此就带来了生态有偿服务定义的随意性问题。第四，由于缺少水文数据，大多数发展中国家无法建立土地利用模式和环境服务之间的关系，这就提出了新的问题，即如何解决生态有偿服务的局限性。第五，整个亚洲的生态有偿服务意识水平较低。他们在研究中还讨论了亚洲生态有偿服务项目的成功案例，并总结了许多值得学习的经验和教训，这为我国进一步完善生态补偿机制提供了较好的理论和实践依据。

直到 20 世纪末，以 Daily（1997）的著作《自然的服务：社会对于自然生态系统的依赖性》为标志，生态补偿研究才开始转向森林所提供的生态服务，之后，森林生态补偿的研究逐渐成为经济学、生态学和林学的交叉学科研究热点。森林生态补偿的研究主要集中于以下几个方面：森林生态价值评价、森林生态服务的市场交易，以及森林生态补偿标准（刘冬古等，2011）。补偿标准的确定是生态补偿机制构建的关键环节（李晓光等，2009；禹雪中、冯时，2011；胡小飞等，2012；刘某承等，2012）。本书侧重于森林生态补偿标准的确定，因此将该方面的研究加以简单阐述。

　　Macmillan 等（1998）根据新造林地的生态系统修复潜力，利用基于专家的 GIS 体系给新造林地打分排序，结果表明政府的造林补贴支出与新造林地的生态系统价值呈负相关关系。出现这种结果的原因是可用的新造林地补贴水平与造林的成本直接相关。如果决策者更多地考虑新造林地的生态系统修复潜力，例如通过减少对新造林地的补贴和增加对自然繁育林地的补贴，或者引入更加严格的环境标准，则成本有效性将会得到进一步优化。更普遍的是，成本有效性分析（CEA）可以结合环境专家的判断，去得到复杂的生物多样性效益的非货币估价。Thorsen（1999）将实物期权理论引入造林决策模型，研究激励土地所有者进行造林决策的补贴标准，为政策制定者提供参考。他的研究中假设造林成本是已知的且保持不变，但未来原木的实价则遵循几何布朗运动，是随机的，通过研究发现要想达到理想的利用补贴来诱导土地所有者投资造林的政策效果，则须提高补贴标准。

　　国外学者对于补贴政策的研究，却不仅仅限于造林项目。有些学者以 CRP（Conservation Reserve Program）的研究为主，如 Siegel 和 Johnson（1991）运用盈亏平衡分析法研究了 CRP 对于经济的综合影响，给出了盈亏平衡点所对应的补贴水平。Plantinga 等（2001）基于已有的 CRP 县级层面数据，研究了不同补贴条件下农民愿意退耕的供给曲线，并利用供给曲线预测未来可能的退耕量和补贴标准。Benítez 等（2006）通过建立随机主导模型，分析了不同随机主导标准下的风险效率保护补贴水平。有些学者则利用机会成本方法，研究得出生物多样性友好型的林业实践的开展，会在很大程度上降低林农的收益水平，如果林农是趋利的，他们将不会采用生物多样性友好型林业措施，但研究结果表明如果每年给予林农相应的补贴，他们将愿意采用这些友好型的林业措施（Matta et al.，2009）。有些学者则针对造林项目展开研究，以西班牙的软木橡树为例，研究表明造林的利润率严重依赖于政府补贴；而私人所享受的林业带来的舒适度与林木占林地面积的比例正相关，因此造林面积的增加，会提升私人的舒适度，较高的舒适度会减少政府鼓励林农造林的拨款（Ovando et al.，2010）。世界上现行的许多造林项目，其补贴仅仅包括了造林总成本和农地的机会成本，而未考虑森林的社会效益（Liu et al.，2009），如始于1996年的爱尔兰造林项目，通过持续地支付补助金，来弥补建造种植园的成本，另外还有年保费的支付，一共支付15～20年，以补偿林农造林带来的收入损失（Dhubháin et al.，2010）。

国内理论界针对中国退耕还林工程的政府补贴政策进行了大量的实证研究。一般的研究思路，一是采取经济学中通常用来确定商品价格的方法，计算退耕还林还草生态效益的经济价值，从而确定购买这些生态效益支付的补偿标准（黄富祥等，2002；张吉国、胡继连，2003；秦建明等，2006）；二是估算农民在退耕还林还草过程中蒙受的直接经济损失，据此进行补偿（黄富祥等，2002；张吉国、胡继连，2003；秦建明等，2006；秦艳红等，2006）；三是利用经济学原理和方法进行估算，例如采用效用外溢补偿、结构性调整补偿等计算方法（欧名豪等，2000；张吉国、胡继连，2003），根据边际社会收益与边际成本的均衡来求解补偿标准（张军连、陆诗雷，2002）。但是，由于经济补偿涉及社会、经济、自然等多个方面，不仅与有形的经济实体联系在一起，而且包含了许多难以度量的社会人文因素，因此，要利用已有的经济学方法确定合理的补偿标准，存在现实的困难。黄富祥等（2002）仅从理论的角度出发，对补偿标准和补偿年限的确定进行初步探讨。

也有学者从退耕还林的成本与收益角度出发，研究了退耕还林还草的补偿机制（豆志杰、高平亮，2005）。王继军等（2004）对退耕还林过程中黄土丘壑区水土保持型生态农业的研究，总结出生态系统经过起始恢复、稳定发展与生态经济系统良性循环三个阶段，至少要 15 年甚至是 25 年的结论，并以陕西省吴起县为例进行了案例分析。王磊（2009）从产权角度对于退耕还生态林和用材林分别进行了简化的补偿标准测算，并从理论上论述了两大类不同退耕林种的补偿期限。另外，针对生态公益林的补贴标准，也有学者提出了类似的问题（孔凡斌、陈建成，2009；张眉、刘伟平，2010）。刘震与姚顺波（2008）则主要运用机会成本法对退耕还林补贴标准进行测定，支玲等（2004）用生态产品有偿使用方法对退耕还林补贴标准进行测定。陈念东（2008）基于林业投资必要报酬率计算了私有林的直接补贴额度，但其研究仅仅考虑林农经营私有林的经济收益而忽略了其生态效益。台湾地区学者林国庆、柳婉郁（2005）结合台湾地区实际林情，基于一定的假设前提，将林木的碳吸存引入林木的外部收益计算，从理论和实证模拟的角度出发，以达到碳吸存效益最大化为前提，分析台湾地区林农栽种主要造林树种杉木的奖励金。张海鹏、徐晋涛（2010）、Xu 等人（2011）基于市场化方式研究中国的生态造林项目，并以四川省的荒地、退化耕地以及采伐迹地和坡耕地造林为案例，研究表明，通过招投标方式来进行生态造林是切实可行的，并且可以提高财政资金的使用效率，但该方式推广的前提是有效地降低交易成本。

综上所述，要计算生态补偿的标准，无论采用什么方法，均需参考生态保护者的直接投入和机会成本、生态受益者所获得的收益、生态遭受破坏的恢复成本以及生态效益的经济价值等诸多因素（刘某承等，2012）。

为了实现森林资源的可持续发展，政府才设计了私有林补贴机制，其原理是通过调整价格与边际私人成本或边际社会成本与边际私人成本之间的差额，从而直接或间接地给予私有林经营者以财政支持（陈念东，2008）。私有林的发展过程中主要存在以下制度障碍：产权残缺、税费体制、融资体制、社会服务体系等。因此，为了私有林业的可持续发展，要从以下方面展开工作：一方面，要改善私有林发展的投资环境，主要做法为降低林农的投资风险或者降低林农的投资成本；另一方面，要以增加林农收入及增收渠道为长远目标。

基于各地的调研结果，理论界普遍认为补贴政策调动了农户、地方政府的积极性，有效促进了工程的推进以及环境生态的改善。然而，在调研中也反映出补贴政策的典型负面状况——存在补偿政策执行效果不一的问题，有些地方补偿额度偏高而有些地方额度偏低，这就造成了有些地方争退耕名额而有些地方不愿意退耕的现象（李蕾，2004）；补贴标准单一、结构缺失，对地方政府、农户造成了不当的激励，也影响了中央补贴的持续性（徐晋涛等，2004；冉瑞平，2007）。

政府在经济领域的深度介入和公众参与不足，使得中国的生态补偿面临特殊的外部环境（王金南等，2006）。为了克服农户参与不足及政府介入太深而导致的生态补偿的低效率，本书试图将当前环境管制中的自愿性方式引入我国森林生态补偿标准的制定，从林农和政府激励相容的视角出发，探索一种科学合理的造林补贴标准的确定方法，以期完善现有的森林生态补偿标准体系。

四　研究方法、技术路线与研究内容

（一）技术路线

本书采用机会成本法、受偿意愿法以及碳吸存效益内部化方法，构建了自愿环境协议框架，在充分考虑林农和政府利益的前提下，进行最优造林补贴标准的研究，并以黄土高原地区退耕还沙棘林为例展开实证模拟，最终得到案例区种植沙棘林的最优造林补贴标准。具体的研究思路见技术路线，如图 1 - 1 所示。

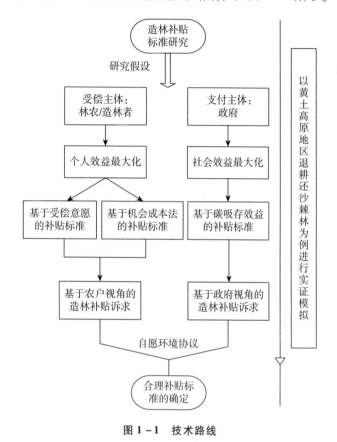

图 1 - 1　技术路线

（二）研究方法

1. 利用机会成本法确定林农客观的造林补贴诉求

研究造林补贴的标准与年限，首先要研究造林农户的行为决策。影响林农造林决策的因素有很多，本书中拟建立林农造林决策模型，假设农户追求个人效用最大化，必定选择净收益（NPV）最大的决策。

假定林农即将作出在边际耕地上造林与否的决策，则此时林农的耕地面临的所有用途及收益可以表示如式（1-1）。

$$NPV(t|A \to F), NPV(t|A \to A), NPV(t|A \to H), NPV(t|A \to N)$$

$$(1-1)$$

其中，$NPV(t|A \to F)$ 表示林农将边际农地转变成林地，即农户选择造林活动；$NPV(t|A \to A)$ 表示林农继续维持农地用途；$NPV(t|A \to H)$ 表示林农将农地转变成牧草地用于发展养殖业；$NPV(t|A \to N)$ 表示林农将农地弃荒。

理性的农户会作出净收益最大化的选择，所以如果政府希望林农在农地上造林的话，就必须保证林农的 $NPV(t|A \to F)$ 是其最优的选择，此时可以核算出林农造林的机会成本，将其作为比较客观的给予林农造林补贴的一个基准。

理性的农户当然希望在林木状态维持期间均能得到补贴，因此林木实现其经济利益最大化时的期限即农户期望的补贴期限 T_1。

2. 利用受偿意愿法确定林农主观的造林补贴诉求

一方面，本书对农户的造林补贴受偿意愿进行调查，设置开放性的题目，获取农户对补贴标准的主观意愿，为进一步完善农户视角造林补贴标准奠定主观上的基础；另一方面，获取影响农户受偿意愿的因素，并运用计量模型进行处理，找到影响农户造林受偿意愿的主要因素，并运用多元线性回归模型得出主要影响因素的影响程度大小。由于农户的受偿意愿主要受到收入状况、个人意愿及其他社会经济特征的影响，故在此采用模型 $WTA = fn(X_i)$ 来衡量各个因素的影响，其中，X_i 为各个影响因素。

3. 运用 Hartman 模型计算考虑林木碳吸存效益的最优轮伐期

Hartman（1976）最早提出计算最优轮伐期时有必要考虑林木所产生的外部效益，并建立了 Hartman 模型，根据本书的需要，这里将土地期望值模型表示如公式（1-2）所示。

$$M = E + V = \frac{\int_0^t F(n)\,e^{-rn}\,dn}{1 - e^{-rt}} + \frac{p(t)f(t)e^{-rt} - s(1 - e^{-rt})/(1 - e^r) - c}{1 - e^{-rt}}$$

$$(1-2)$$

其中，M 表示 t 年的土地期望值，E 表示在 t 年林木提供的生态价值的净现值，V 表示林木在 t 年提供的木材价值的净现值，$p(t)$ 为林龄为 t 年时的单位木材价格函数，$f(t)$ 为林分在林龄为 t 年时的收获函数，s 为每年的管护费（元），c 为期初造林费用，r 为年折现率，$F(n) > 0$ 表示在 n 年时保留林木不砍伐所能获得的碳吸存效益（非市场价值），$\int_0^t F(n)\,e^{-rn}\,dn$ 表示林龄由 0 到 t 年林木累积所产生的碳吸存效益的净现值。

此模型是以无期限的轮伐期为前提的，它假设所造林木是同龄同种林木；成本及折现率都恒定不变；在轮伐期内补贴标准也保持不变（这样的补贴标准就可以以年金的形式进行简化计算）。

为求其解，令其一阶条件为 0 即可，得出式（1-3）。

$$p'(t)f(t) + p(t)f'(t) = r\left[\frac{p(t)f(t) - c - \int_0^t F(n)\,e^{-rn}\,dn}{1 - e^{-rt}}\right] - F(t)$$

$$(1-3)$$

求解式（1-3）可得 T_2，即考虑碳吸存效益的林木最优轮伐期。

4. 通过方程求解基于碳吸存效益的补贴标准

式（1-2）中的 E 是本书中所定义的政府愿意支付的造林补贴的上限。

政府为了使造林农户决定的轮伐年限等于社会最优轮伐年限，必须提供足够的激励以达到政策的最终目标。从政府角度出发，造林所产生的碳吸存效益是其所关注的，因此，政府作为社会的代表，其愿意支付的造林补贴的最高限额即碳吸存效益，所以基于政府视角的造林补贴行为可以表达为式（1-4）。

$$\int_0^{T_2} G_g(x) e^{-rx} dx = \int_0^{T_2} F(x) e^{-rx} dx \qquad (1-4)$$

通过求解式（1-4）可得到基于政府视角的造林补贴标准，即政府为了实现碳吸存效益所愿意支付的最高造林补贴标准。

5. 运用自愿环境协议方法确定最优造林补贴标准

农户以由机会成本和受偿意愿确定的补贴标准作为报价的依据，提出自愿参与造林项目，而政府以碳吸存效益的价值作为其支付的最高限额。该额度是筛选参与项目的农户的依据，最终基于自愿环境协议的环保机制框架，双方经过谈判和讨价还价达成最优轮伐期管理的协议，如果农户遵照执行，实现了最优的碳吸存效益，政府则应支付其补贴，作为农户延期采伐森林的补偿。而基于自愿环境协议的合理造林补贴标准的确定，在本书中则主要是由政府和林农共同协商来达成。

（三）研究内容

1. 碳吸存效益内部化研究补贴标准

本部分首先运用 Hartman 模型，将林木的碳吸存效益内部化，在社会效用最大化条件下，计算林木最优轮伐期。假设造林农户的效用与其行为所带来的净现值成正比，利用林农行为决策函数来确定造林农户的行为模型。而政府的造林补贴必须足以激励造林农户实现社会效用最大化，该造林补贴不仅仅实现了林农的经济利益，同时实现了政府的最大碳吸存效益。基于此，本书的主要内容可以细化为如下四个方面。

（1）造林补贴标准研究的理论基础

政府实施造林补贴的政策，是希望由提供补贴的方式来强化造林诱因，增加造林面积，进而提升林木所提供的生态效益。因此，为计算最优造林补贴标准，必须首先了解林木具有哪些在市场上无法交易的外部效益，而本书所定位的外部效益是哪些；其次，政府实施造林补贴政策的目的，除了激励林农造林外，还期望立木状态维持在一定期限以上，即最优轮伐期的决定。因此，造林补贴标准研究涉及两个基本理论问题：一是林木外部效益内部化问题，二是林木最优轮伐期决定问题。

（2）林木外部效益的计量——碳吸存视角

林木具有多种生态功能，然而在计算林木外部效益函数时，因林木外部效益的价值难以量化，故无法考虑所有林木的外部性；并且，当今政府鼓励林农造林的政策目标之一是发挥森林的碳吸存功能，因此本书将林木外部效益的计算定位于林木的碳吸存功能。本书以陕西省吴起县退耕还林项目为例建立实证模型，其中林木碳吸存效益函数为 $F(t) = f(t) \cdot P$，其中 P 为碳汇价格，可参照国际市场的碳汇交易价格，$f(t)$ 为碳吸存存量函数。

（3）建立林木最优轮伐期模型

造林的最终目标就是发挥其生态效益且同时不损害造林农户的经济效益，于是，在经济效益和生态效益最大化条件下实现林木的可持续经营（选择不砍伐决策）至关重要。因此，最优造林补贴标准的确定要以社会效用最大化为原则，追求社会效用最大化就是要使林木外部效益和木材收益加总最大化。本书研究运用国际上常用的 Hartman 模型，根据研究需要运用碳吸存效益函数代替林木外部效益，将其引入土地期望值模型，建立土地期望值（效益）函数（包括木材收益和林木外部效益）：$M = V + E$。其中，M 表示 t 年时土地期望值，E 表示在 t 年内林木提供的生态价值的净现值，V 表示所造林在 t 年内提供的木材价值的净现值。由 $V + E$ 的极大化，可以计算出最优轮伐期，即社会效用最大化的轮伐期。

（4）基于政府视角的造林补贴标准设计

本部分将内容（3）中最优轮伐期作为造林补贴的年限，将 V 定义为政府愿意支付的最高补贴标准。而为了实现最优的造林补贴政策，在保证农户坚持不砍伐决策的前提下，政府财政支出还必须低于造林者造林所形成的碳吸存效益。拟分不同地区、树种等因素，设计出造林补贴的不同标准，以及造林补贴的不同模式。这种精细化的标准设计，对我国造林补贴标准的科学化以及具体化有重要意义。

2. 基于受偿意愿的农户补偿诉求

条件评估方法是经典的、以非市场为基础的、得到个人对公共产品偏好的一种经济学方法。本部分就针对造林项目所提供的森林这种具有外部性的公共产品，通过福利经济学的相关理论，设计合理的农户调查问题，来获得林农愿意接受的补贴标准。基于此考虑，本部分研究可以细化为以下几个方面。

（1）构建造林补贴标准的政策环境

为了保证受偿意愿测定方法的科学性，第一步，我们需要为所有参与调研的林农构建一个统一的政策环境，即详细描述造林补贴政策的背景、造林项目预计为社会提供的生态服务以及最终为社会提供的生态服务等一系列问题，以了解林农对于政策的认知程度。森林所提供的产品要在市场上进行交易是非常困难的，因此，必须通过构建一个市场，并规定其运行规则，以引导农户对森林提供的生态服务价值进行估计。

（2）造林农户的受偿意愿

这是受偿意愿方法最核心的部分，主要目的就是对森林提供的生态服务价值进行货币价值评估，当然为了避免林农产生不符合实际的较高受偿诉求，会向林农说明该受偿金额只是基于个人的意愿表示，不会产生任何政策影响力（姜宏瑶等，2011）。当然在最优造林补贴标准的确定过程中，此标准仅仅作为参考。

（3）造林农户的社会经济特征情况

理论上，一个人对于公共产品或者服务的受偿意愿，主要受到个人收入、偏好以及其他一些社会经济特征的影响，因此，要通过调研来获取林农的个人特征及社会特征，用以理解什么因素影响他们的受偿意愿，并最终评价被调查林农真正愿意接受的造林补贴标准。

3. 运用机会成本方法计算造林补贴标准

（1）经济利益最优的轮伐期的确定

单纯从农户视角出发，经济利益最大化是首要目标。因此，从机会成本视角出发测算农户的造林补贴诉求，补偿期限以林木经济利益最大化的期限为基准。在本书中，考虑到实证研究中林木以沙棘为主，因此，将实现沙棘林生物量最大时的期限作为基于机会成本法的造林补贴期限。

（2）基于机会成本视角的造林补贴标准

从机会成本的角度出发来衡量农户造林的补贴标准，需要考虑以下因素：造林地类型及其之前的所有可能用途。这就需要在农户调研过程中，了解农户的意愿，如在什么类型的土地上造林，这些土地能给农户带来的地租信息，即林农造林的机会成本。通过对这些成本、收益的分析，可以直接得出对于农户而言，其最低需要得到的补贴标准额度。用公式可以表达为 $G_f = OC - R_f$，其中 G_f 为造林补贴额度，OC 为机会成本，R_f 为造林项目的净收益（这里主要指经济收益）。

4. 基于自愿环境协议的最优造林补贴标准

林农是造林的主体，所以基于林农视角的造林补贴标准是其所愿意接受的最低补偿标准；而政府是造林碳吸存效益的买单者，其确定的造林补贴标准，可以视为最高的造林补贴标准。在最优造林补贴标准上双方是否能够达成一致，就取决于政府和林农之间的自愿协议，如果政府的补贴远远高于林农要求的补贴，自愿环境协议势必可以达成，具体的补偿标准则由两者协议确定。两者通过自愿协议达成的造林补贴标准既是最优的，也是现实的、合理可行的。

五　研究区域简介及数据来源

（一）研究区域简介

黄土高原是我国水土流失最为严重的区域之一，同时是我国退耕还林重点地区和贫困县市聚集地区，因此，通过实施林业生态工程来改变当地生态贫困和经济贫困状况已经成为该区域发展的必由之路。本书主要选取了三个典型县作为代表进行黄土高原地区造林补贴标准的研究，这三个县分别是陇东黄土高原农林牧区的甘肃省庆阳市华池县、陕北黄土高原丘陵沟壑区的陕西延安吴起县及榆林定边县。

陕西吴起县是全国开展退耕还林工程最早，也是规模最大的典型区域之一，其位于陕西省延安市的西北部，属于黄土高原梁状丘陵沟壑区，因此水土流失非常严重。吴起县于 1998 年率先启动了退耕还林工程，于 2000 年被列为黄土高原林草植被恢复示范点，经过几年的发展，已经成为全国 150 多个退耕还林县（市、区）封得最早、退得最快、面积最大的县份。吴起县森林资源的分布在项目实施后出现了新的特点，形成了以沙棘为主的灌木群落，这是吴起森林植被演替出现的最常见群落之一。工程的实施，产生了良好的生态、经济和社会效益：一是工程区森林资源稳定增长；二是水土流失，土地沙化的面积减少；三是退耕还林工程给农民带来了实惠。

定边县也具有重要的生态地位。该县南部与吴起县接壤，地势与吴起县类似，但其北部是毛乌苏沙漠的南缘，沙化严重，属于黄土高原和鄂尔多斯荒漠草原的过渡地带。定边县于1999年开始实施退耕还林工程，并于2000年被国家划定为退耕还林试点县。

华池县所在的庆阳地区包括世界上面积最大、土层最厚、保存最完整的黄土塬面，其农业相对发达（王武魁等，2009），但是自然条件恶劣、农业条件差，是非常典型的山区农业县（江丽等，2011）。华池县在退耕还林工程的带动下，林草面积迅速扩大，舍饲圈养技术也得到逐步应用，农业产业结构逐步得到改善，并且在政府的大力资助下，剩余的农村劳动力逐步得到合理流转。

（二）数据来源

本书数据主要来源为笔者所在课题组承担的两项课题：国际泥沙中心课题——吴起县可持续发展战略研究，以及GEF项目——陕西省荒漠化治理效益评估研究。该套数据主要涉及延安市吴起县、志丹县、安塞县①，榆林市的定边县及甘肃省的华池县。自2005年起，课题组在以上地区先后组织实施了四次大型的实地调研，时间分别是2005年、2007年、2009年以及2012年。首次调研时在确定好案例县份以后，到每个案例县份与案例县份林业、财政等政府部门和有关专家座谈，并参与召开的相关部门座谈会，根据地域分布、林业资源状况和当地社会经济发展状况，选定案例乡镇；确定案例乡镇之后，与乡镇政府及林业部门座谈，选择案例行政村，之后就是采用分层随机抽样的方法选择样本农户，每个村20个农户。最终，项目组选择的标准为每个县抽取3个乡镇，每个乡镇抽取5个村子，每个村子抽取20个农户，共计1500份农户问卷。为了帮助样本农户回忆其生产、生活、消费及其他活动情况，项目组成员在调研过程中尽可能从

---

① 安塞于2016年撤县设区，鉴于调研时间，仍称安塞县。

更多家庭成员那里侧面了解各项林业工程（特别是退耕还林项目）实施之前及之后各个年份的家庭生产生活信息，另外，项目组还利用从村干部（知情人）、统计资料、县乡村的典型案例研究中获取的信息，对调研数据进行了反复核对。之后的三次调研均按这样的样本量进行了实地入户调查，但由于搬迁等一系列不可逆的因素，有一些农户数据并未进行持续追踪，而是将情况类似的农户作为其近似替代户来收集，以达到补充数据、完善项目组数据库的作用。

吴起县、定边县及华池县是项目组自 2005 年起持续调查的地区，每隔两年会补充一次数据，最新数据更新于 2012 年的调研，其数据主要描述的是 2011 年三个县农户的生产、生活基本情况。这三个县具有较好的代表性，涵盖了黄土高原地区三种典型的环境和社会经济状态，因此本书主要选取了这三个县作为研究对象，但在进行最优造林补贴标准的实证模拟时，因为研究框架一致、方法相同，而区别仅仅在于其中参数的取值，因此仅仅以退耕还林示范县吴起县的农户数据为例。

另外，本书中涉及退耕树种——沙棘的生长规律及管护规程，这些数据则来自同区域的相关学者的既有研究成果。

六　本书的创新之处

第一，考虑到林种的差异，本书根据林木的生长特征，将林木所实现的碳吸存效益函数纳入造林补贴标准核算体系，研究基于碳吸存效益的造林补贴标准和补贴期限。

第二，在实现森林碳吸存效益的前提下，充分考虑政府与造林者的意愿，得到了黄土高原地区边际耕地种植沙棘林的补贴标准。由政府给予农户或者造林者补贴，补贴金额与补贴期限为：第 1~21 年补贴标准为 2405 元/（公顷·年），第 22~34 年继续给予补贴，标准为 1294 元/（公顷·年）。

第三，本书构建了基于自愿环境协议的造林补贴标准框架，是研究视角的创新。笔者首先考虑农户的造林补贴诉求，利用机会成本法比较客观地测算农户的补贴诉求，又结合农户的受偿意愿，从主客观视角得到农户的补贴诉求；然后将碳吸存效益内部化到政府的决策，得到政府的造林补贴诉求；最后将政府和农户纳入自愿环境协议框架，充分考虑两者的补贴诉求，由两者协商决定最优的造林补贴标准。同时考虑了林农和政府的目标诉求，将自愿环境协议框架引入造林补贴标准的研究，在林业生态补偿确定研究中做了一个全新的尝试。

七　本书结构

本书主要分为七章。第一章为导论，简要说明本书的背景、研究目的和意义、国内外研究动态、研究方法、技术路线与研究内容、研究区域及数据来源、可能创新之处及研究架构。第二章为造林补贴的理论基础，主要包括概念界定、相关理论基础，并结合国内外造林补贴政策的实施经验，确立了本书的主要思路与框架。第三章主要从机会成本视角出发，得出客观的基于农户视角的造林补贴诉求。第四章从受偿意愿视角出发，得出主观的基于农户视角的造林补贴诉求。通过第三章和第四章的分析，可以得到基于农户视角的造林补贴诉求。第五章从政府角度出发，在考虑了碳吸存效益的前提下，计算出基于政府视角的造林补贴诉求。第六章利用自愿环境协议的框架，通过政府、林农共同协商决定最优的造林补贴标准。第四、五、六章均采用理论建模和实证分析相结合的方法，以陕西吴起县为案例点进行研究。第七章是结论与讨论，总结本书所得到的研究结果，给出相应的对策建议，以供决策者参考，并对未来的研究给予简单评述。

第二章 ◀
造林补贴的理论基础

本章首先对本书的基本概念进行界定，以便于后面章节的分析；在概念界定的基础上，进行了基本理论的梳理；在回顾了国内外主要林业工程补偿政策的演变之后，构建了本书的理论框架。

一 造林补贴的概念界定

（一）造林

本书所研究的是造林补贴，所以有必要首先界定"造林补贴"里"造林"的具体含义。已有文献中涉及的概念主要有两个，即造林和再造林，两者的本质是一致的，即在土地上种植树木的活动。

造林（afforest）和再造林（reforest）均是指在没有植被覆盖的土地上植树，但不同的是再造林是指在曾经被植被覆盖的土地上种树，造林则是指在从未被森林覆盖的土地上种树。有许多定义来区分造林和再造林这两个过程。一些"造林"的定义主要是基于某些核心短语，例如"在过去没有形成森林"，其他的造林定义则指某一特定时期，某些定义则提到了其他过程，例如"现有的气候条件"。联合国政府间气候变化专门委员会指南（IPCC Guidelines）给造林做了以下定义："在过去从来没有森林覆盖的土地上种植树木形成森林。"

还有一些造林的定义强调特定土地覆盖或土地利用的变化，尽管这些定义同样适用于再造林的许多定义。例如，"在以前的草木区域或者不是森林用途的土地上培育新的森林或者林分"（Helms，1998）。

造林和再造林的定义是非常相似的，唯一的区别就是一定的时期内土地是否有森林，而实际的采伐时间在两个定义之间是无关重要的。《京都议定书》中条款3.3以同样的方式来区分造林和再造林活动。但是其他一些问题（新种植树木前的活动人数和新种植树木的实际模式）影响了这些术语的应用。重要的一点是，造林和再造林活动在会计中是同等对待的，在《京都议定书》实施过程中造林和再造林的精确区分并不重要。因此，在本书中也不区分造林和再造林，而是将种植林木的活动统称为造林活动。更进一步地，在本书中造林不仅仅指要参加造林项目，即植树造林，同时要针对幼林进行后期的维护管理直至成林，并且将成林维持到最优轮伐期才可以自主采伐。

（二）补贴

关于补贴的讨论，不同的学者有不同的界定。

张春霞等（2008）将私有林的补贴制度归纳为三大类型，即补偿型补贴制度、服务型补贴制度以及激励型补贴制度。其中，补偿型补贴制度主要是指补偿造林者的损失，避免造林者投入造林的资金流出的补贴形式，例如林业保险网络、自然灾害补贴及农业环境补贴等；服务型补贴制度主要指为造林者提供服务、降低其生产成本，从而引导资金投入造林项目的补贴方式，主要包括林业科技投入、病虫害防控、林业基础设施建设以及社会服务体系建设等；激励型补贴制度也是最常用的补偿方式，主要是指通过增加造林者的收益，提高其投资林业的积极性，例如直接补贴（直接现金补贴）、税费优惠及信贷优惠等。其中前两种补贴制度称为造林的间接补贴，即通过建立的林业经营环境，降低林农的生产成本，减少风险；而第三种补贴制度是直接补贴，可以直接增加林农收益。

国外的造林主要是针对非工业私有林的土地所有者，其所进行的人工林的种植与更新，主要有以下三种补贴方式：技术支持、成本分享与税收返还及减免。针对非工业私有林主的成本分享项目实际采取的是一种直接补贴方式，就是政府通过公共财政直接给予这些林主补贴款，实质是由政府承担了非工业私有林部分管理成本（Mehmood and Zhang，2002）。政府补贴是政府设计的一种机制，以形成消费者价格与生产者成本之间的楔子，使价格低于边际成本（Pearce et al.，1992），其实质是社会财富从纳税人转移到特定的土地所有者手中。由于市场失灵现象的存在，许多人并不支持补贴，因为市场失灵既可导致公共产品供给不足，又不能完全实现外部性内部化（Lee et al.，1992）。已有研究（Mehmood and Zhang，2002）通过实证分析，表明成本分享型项目更多关注整个林业产业的发展，而不是单独非工业私有林主。

同样，本书中的补贴，不仅要考虑种植林木的成本，还要考虑后期维护管理的成本，最终实现造林以及后续林业的良好管理（主要指轮伐期管理）。

（三）补贴标准

本书中的补贴标准是包括补贴额度和补贴期限两者在内的。

补贴额度，即补贴多少的问题，有些人认为应该将森林的全部生态价值予以补偿，有些人则认为应补贴机会成本损失，有些人则认为应该比较造林前后的经济损益，如果造林前的收益多于造林后的，则给予补偿，反之，则无补偿。在本书中，补贴额度的确定要保证造林者从事造林活动与从事其他农业生产获得同等的收益。

已有文献在计算补贴年限时，都直接将私人轮伐期作为补贴年限（李国忠和林俊成，1994；Huang and Kronrad，2001），很少将考虑森林碳吸存效益的社会最优轮伐期作为补贴年限，也有的以林木生命周期作为补贴的期限，有的则以林木成林年龄作为补贴期限。

具体某一林木的轮伐期主要是由林业经营目标决定的，并受到许多因素的影响，包括立木价格、立地条件、期望的林产品、蓄积量、无性繁育以及林业经营活动的强度。评价和确定林木的轮伐期主要有两种基本方法。一是以更新轮伐期为依据，主要是考虑到立木在特定立地条件下维持一定生长和再生长的能力，这个定义经常与药理轮伐期联系在一起。立木的药理轮伐期是指这样一个时间点：林分的年均生长量正好等于腐烂而导致的木材损失量。用这种方法来确定轮伐期主要是考虑到白杨的特殊性，因为白杨不仅生长期短，并且容易受林木腐烂真菌的感染。白杨的药理轮伐期一般在 30～70 年，具体的轮伐期主要依赖于立地条件和无性繁育能力。二是管理或经济轮伐期，主要是考虑林分年平均增长量的极大值。一般来讲，白杨的管理轮伐期在大部分的立地条件下为 30～60 年。在较好的立地条件下，白杨能够按预期持续生长 70～80 年，并且不表现明显的生死迹象；而在较差的立地条件或者较低的无性繁育率的情况下，其管理轮伐期可能缩短至 30～45 年。①

为了达到研究目的，这里将基于森林碳吸存效益的最优轮伐

① 资料来源：http：//www.nrs.fs.fed.us/fmg/nfmg/aspen/silv/established/p6_rotation.html。

期作为补贴期限。

从短期来看，温带森林主要是通过延长轮伐期、改变森林经营模式和保存森林来发挥碳吸存功能，在温带长期造林将发挥重要碳吸存作用。因此，本书中的碳吸存效益，主要是通过造林及造林后的最优轮伐期管理来实现的。

二　补贴标准确定的相关理论

从理论上讲，农户的农林业生产行为能够持续地进行，就必须满足很重要的一个条件，即该生产行为必须给农户带来效益，并且这种效益必须高于盈亏分界点的效益水平，如果某种生产行为的效益水平不能保持在盈亏分界点之上，任何一个理性的农户都不会从事该生产行为，而会转向从事其他可以给其带来更大效益的生产行为。但是，如果有外部力量的介入，使得农户可以从原本不能带来效益的生产中获得额外收益，使得其生产总收益大于其生产总成本，这样该生产行为的效益水平就可以在盈亏分界点之上，而森林的碳生产正是这样一种除非外界力量介入，否则无法维持在盈亏分界点之上进行生产的行为（简盖元等，2013）。

由于造林活动所形成的强大的正外部性（包括本书特别关注的碳吸存效益），造林主体无法要求哪个人、哪个组织支付森林生态效益的使用费，因而其经营管理森林的成本得不到补偿；另外，市场并不能反映森林的生态价值，因此会导致造林主体的私人边际收益与社会边际收益背离的情况。因此，有必要采用庇古税手段去进行生态补偿，通过政府去实现造林所形成的外部效益内部化。从"庇古税"角度出发，补偿标准应为社会成本与私人成本的差额，考虑到森林的外部经济性特点，在本书中补偿标准应参考"庇古补贴"理论，为社会收益与私人收益的差额，即本书中所定位的碳吸存效益（此部分为造林项目的外部经济性，使整个社会受益，当然也包括造林者在内），而该补贴标准确定的过程，实际上是森林碳吸存效益这种外部性内部化的过程。

造林所形成的森林价值包括市场价值和非市场价值两部分，市场价值包括木材及其他林产品的收入，非市场价值即森林所发挥的生态价值，其中包括本书所关注的碳吸存价值。特别是在当今全球气候变化的前提下，各国均重视林业的非市场价值，中国也不例外，因为森林生态价值所带来的效益，不仅为各个产业发展提供了良好的发展环境，同时也利于实现经济社会的可持续发展。造林所形成的市场价值通过市场交换即可实现，而其非市场价值，则需要通过创新激励机制，给予造林主体合理的、足量的经济补偿去实现，从而实现自然资源的有效配置。

（一）受偿意愿

由于本书的研究对象是造林者，作为森林碳吸存效益的直接提供者，其受偿意愿会直接决定造林项目是否可以顺利实施以及造林项目后续能否实现可持续发展，所以在本书中主要运用了 Riera 等人（2012）的研究中所提及的陈述性偏好中的 CVM 方法。下面将会对陈述性偏好中的 CVM 方法进行详细介绍。

条件评估法为决策者、政策分析师以及社会科学家们提供了一种可以详细讨论的新技术，用于评估私人市场不能交易的产品的价值，即公共产品的价值（有时候也称为成本）。该方法主要是利用经济学原理和调查研究的方法直接从消费者那里获得他们对于公共产品的估价（Mitchell and Carson，1989），其实质是通过成本－效益分析来实现的。提及成本－效益分析，我们就不能不提到支付价格意愿（Willingness to Pay，WTP）和接受价格意愿（Willingness to Accept，WTA）。关于支付价格意愿与接受价格意愿的讨论从未停止过，但其应用也遭遇了一些怀疑和批评。最著名的一个评论是"一个假设的前提只能得到一个假设性的结果"

（Scott，1965），但这种批评被 Bishop 和 Heberlein（1979）里程碑式的效用研究予以纠正，他们的研究比较了实际现金交易、条件评估和旅行成本方法下的猎人狩猎鹅的福利，结果表明旅行成本和现金交易下的支付意愿与条件评估下的支付意愿大体相似。这些研究结果主要说明了条件评估满足聚敛效度的条件（与旅行成本估计相比），并从效度标准的角度提供了一个保守的估计（低于现金交易估计）（Carmines and Zeller，1979）。之后由美国环保局资助的一个研究小组首次通过综合方法得到现在公认的条件评估（CV），此研究小组展开了许多关于条件评估效用的评价项目，同时去探索条件评估能提供可靠福利测量这种应用的限制性（Cummings et al.，1986）。而对 CVM 方法的推广运用做出巨大贡献的应该是 Mitchell 和 Carson（1989），他们在自己的书中第一次尝试提出详细的条件评估方法，很适合初学者，于是就引发了一股新的关于条件评估效用的研究热潮。

当市场数据难以获取或市场数据不可信的情况下，经济学家可以使用基于假设市场条件的估计方法来进行替代。该方法特别之处在于利用调研的方法去获取个人对于环境倡议的支付意愿（WTP）。这种便于进行价值估计的调研方法就被称为条件价值评估法（CVM），因为其结果主要依赖于事前所设计的假设市场，这个假想的市场是所开展的一系列调研问题的情境。该方法中关键性的假设是，合理设计的调研能引导被访问者比较实际情况以及假设情境所产生的问题。从某些意义上讲，调研工具可以帮助解决评价公共产品的非显示偏好问题。

实施 CVM 调研方法主要涉及以下三项主要任务：构建一个详细的假设市场模型，包括公共产品的特点以及任务可能影响市场的条件；设计一个调研方法以获得个人支付意愿的无偏估计结果；评价调研对象答案的真实性。

CVM 方法通常用于模拟一个虚拟市场，该市场在给定价格水平上提供一种商品或者多种商品。特别地，在面临某种产品或服务供给变化的假设前提下，通过调研特定人群中的受访者，让其陈述他们的支付意愿（或者受偿意愿）以完成问卷内容；然后将这些获得的数据通过统计学程序，估计出具有代表性的最大支付意愿（WTP），或者较少用到的最小受偿意愿（WTA），运用该方法可以估计出非使用价值。

调研的准备工作是一个非常复杂的过程。如果该工作没有正常开展，则无论在数据方面投入多少精力，调研结果都不可能完全可靠。在调研工作的准备过程中，一些基本步骤必须遵循，同时也有一些问题必须谨慎处理。调研的准备工作基本分三步走：确定目标、确定调研方式、预调研及问卷修正。

第一个关键步骤是确定调研的目标。在调研工作的开展过程中，调研者必须熟悉和了解问题的表述及措辞，例如，两年内"禁止"进入森林与两年内"限制"进入森林是截然不同的。第二步是确定如何开展调研工作：个人亲自采访、电话采访、通过邮件或者互联网采访。不同方式的选择要依据受访人群的兴趣、样本的特征、问题的类型、回收率、耗费的成本与时间。例如，个人亲自采访的调研与电子邮件调研相比，更加深入且可以获得更多的信息，但是会花费更多的时间和金钱（Bateman et al.，2002；Champ et al.，2003）。在最终的调研执行之前，建议进行分组座谈会和预调研。分组座谈会是指将个人召集到一起共同讨论调研所涉及的问题，以确保问卷容易理解、措辞恰当，并且所设计的情境可信。一旦根据分组座谈的建议修改了调研问卷，则该问卷可以在更大的范围内进行测试。在预调研阶段，建议通过向被访问者询问问卷中的问题去检测问卷有无异常，例如，针对某一具体问题，会得到许多有争议性的答案，这可能并不是我们期望的结果。为了解决这个问题，在对问卷进行调整之后，还可以采用其他的预调研和试调研工作。

在问卷中应该让受访者清楚，在没有发生改变的前提下会发生什么状况。当评估一项造林项目时，一些参与者可能认为如果不实施造林项目，则森林会自然而然地减少；其他一些参与者可能想象即使不实施造林项目，森林也将会扩张。因为被访问者对于同样的变化评价不同，所以这可能使调研所得的问题答案很难去解释。因此，必须谨慎地描述现状或者基准情境。如果可能的话，CV 调研应该清楚地描述如果造林会发生什么状况。

调研中的支付工具（包括税收、门票费用及捐赠等）必须是现实可行的（例如，向被访问者咨询森林的进入费用并不是现实可行的，因为一些国家至今并没有收取过任何门票费用），支付工具也必须是相关的。如果一部分调研目标人群并没有支付所得税，那么通过增加 10% 的所得税来筹集项目资金就是不相关的；同时，支付的频率信息也要提供，一次性支付和十年期的年均支付可能会导致不同的支付意愿表达。另外，必须明确项目的成本是由农户还是由受访者承担，当然，如果还有其他的贡献者（即项目成本的承担者）也必须提及。例如，部分成本可以由农户来承担，而其他部分成本可以由私人林主来承担，在这种情境下必须提供成本再分配的细节。然后就是规定决策规则，例如，只要大多数人能够支付成本，则项目就能够实施。最终，还应该既详细描述谁来提供产品，又详述何时、何地及如何提供产品。作为阐明"何地"提供产品的一个案例，与造林项目距离农户住房较远相比，造林项目距离住处近的农户会要求更高的支付成本。

由于可以用于许多环境产品评价，并且可以评价其存在价值和使用价值，CVM 受到了广大学者的欢迎。但是由于该方法是通过一个假设的市场去推断真实市场的情况，所以它可能存在一些偏误，这是基于调查的研究所无法避免的，例如由于搭便车的存在，个体不愿意去显示自己的真实支付意愿。考虑到这些潜在的误差，经济学家们一直在改进条件价值评估方法（CVM）。例如，一些研究者在他们假设的模型中加入更多的细节；而其他一些学者改进了调研方法的设计；一些调研还包含了地图，去进一步阐明公共产品的位置或者商品的照片，及由于公共产品供给可能受影响的区域（Brookshire and Crocker，1981）。无论何种形式，其目标只有一个，就是尽可能地使假设的市场情境与实际情况相符合。

1. 基于支付意愿或受偿意愿的补偿

支付意愿（WTP）是指个人为了获得公共产品或者娱乐服务（或者为了不失去公共产品及其娱乐服务）所愿意支付的最大数量的现金，受偿意愿（WTA）则是指个人放弃某产品（或者放弃该产品的使用权）所能接受的最小数量的现金。从理论上讲，许多调研中，当评价供给的边际变化以及货币价值代表较低的收入份额时，这两项措施可以得到能够比较的结果。在实践中，受偿意愿的估计结果往往比相应的支付意愿估计结果至少大两倍（Horowitz and McCnnell，2002）。更多的细节可以通过 Brown 和 Gregory（1999）的研究进行详细的了解。

2. 估价方程

在估计研究中经常探讨支付意愿的决定因素，以便检测结果的有效性。因此，这里提及的估价方程是广义上的，它是指关于支付意愿或者支付意愿代理指标（关于封闭性启发式计划的"是/否"的回答）的回归模型，该模型包括诸如态度经验等变量、公共产品及受访者的社会经济特征。

理论上的有效性主要分析某些变量，例如收入和公共产品质量和数量的属性。态度变量也可以用于检测数据的质量，例如，当估计的变化是森林生物多样性的增加时，对于支持环境保护的个人，例如更倾向于参加保护组织或者提倡生态旅游的个人，预期他们会比一般的受访者表达更高的支付意愿。其他方面的有效性也必须通过检验，例如范围效应。这个潜在的误差主要是由于支付意愿对于公共产品的供给缺乏敏感性，例如一个人可能对一小片森林的估价等同于更大面积同种林的估价。

对估价方程的有效性进行检验需要两个主要步骤：首先，应该考虑缺失值；其次，应该谨慎地选择解释变量。从理论角度出发，最重要的解释变量通常都要包括在内，而不考虑它们对于支付意愿的实际影响如何；而不太重要的变量有时候也会纳入模型，只要它们对支付意愿的影响通过了统计学上的显著性检验。但应该注意的是，后者可以采用分步法（Carson et al., 2003）；另外，有效方程的解释力也是衡量数据质量的一个指标。

估价方程是非常有用的效益转移工具，尤其是详细研究支付意愿与其决定因素之间的直接关系时。

在对支付意愿有效性的估计中，最主要的误差是假设偏差和范围效应（Bonnieux 和 Desaigues，2002）。假设偏差（或者说假设值与真实值之间的差异）对应于高估支付意愿的趋势。将部分参与者的答案放到假设的情境中，同时将另外部分参与者的答案放到现实的情境中，这样就可以检测假设偏差；然后就将这些估值与陈述性的支付意愿进行比较。有许多方法可以用于假设偏差的检测，其中有一些方法就是通过问卷的设计达到校正假设偏差的目的，其他一些方法则是为了达到校准答案的目的。

廉价交谈（Cheap Talk）（Cummings and Taylor，1999）和结果论（Consequentialism）（Cummings and Taylor，1998）属于第一类，即通过问卷的设计达到校正假设偏差的目的。廉价交谈指在向被调查对象展示估价问题之前，警告参与者可能存在高估支付意愿倾向，结果论则尝试使参与者相信他们的反馈会产生实际效果。实证研究则倾向于建议，第二类方法会比第一类方法更有效（Bulte et al.，2005）。

第二类方法即校正答案。通常在估价问题后面会包含一个从0到10的确定性等级，如果受访者回答了"是"，但并不是非常确定他们的答案，则在实际处理问题时，经常将这部分受访者视为回答了"否"（Champ et al.，1997）。

当受访者针对 10 公顷和 100 公顷的造林项目陈述相同的支付意愿时，范围效应问题就会产生。一个常见的检测该现象的方法是，通过给受访者提供不同的公共产品，去检查受访者是否陈述了不同的支付意愿。范围效应问题可以通过问卷的设计得到缓解，Carson（1997）认为避免范围效应的方法从概念上是非常明确的，在实际操作中却非常困难，并且耗费许多费用。只要以下三个条件达到，即可避免范围效应：首先，受访者必须明确地理解他们需要去评估的公共产品的特征；其次，能够发现合理提供的公共产品相关的条件估价情境因素；最后，要保证受访者能够以谨慎而有意义的方式去回答条件估价问题。

总之，无论采用哪种方法去衡量生态价值服务，都要进行验证检验和有效性检验，以保证结果更符合实际，将误差控制在合理范围之内（马爱慧等，2010）。

条件评估法涉及的经济学原理主要是福利经济学中关于消费者行为的分析；其涉及的调查研究主要是根据前面的经济学原理，提供被调查者可以理解的、有意义的场景，设计出一些评价问题供其进行回答（Mitchell and Carson，1989）。

（二）机会成本

经济学里的机会成本是指"为得到某种东西所必须放弃的东西"（Mankiw，2003），微观经济学本身就立足于研究稀缺资源的配置问题，因此，如果选择了将某一资源用于某一用途，就意味着必须放弃将其用于其他用途的机会，也就是放弃了将资源用于其他用途所获得的收益，而这个收益即该资源的机会成本。而在生态补偿研究中，生态补偿的标准测算依据是生态建设的直接投入和造成的机会损失，这些均可通过市场价值进行核算（薄玉洁等，2011），此即利用了机会成本理论。

与 CVM 方法不同的是，成本有效性分析（CEA）并不依赖于价值评价，但是要根据与预设目标相关的成本和有效性来选择项目（Gittinger，1982）。有研究表明，补偿标准与林地提供者的机会成本相关程度要大于林地所发挥的生态效益（Macmillan et al.，1998）。因此，在确定补偿标准的方法中，机会成本法是被普遍认可的和可行性较高的一种方法（Landell-Mills et al.，2001；Tao et al.，2004；Uchida et al.，2005；Qin et al.，2007；秦艳红、康慕谊，2007；Kalacska et al.，2008；Immerzeel et al.，2008；Bennet，2008；李晓光等，2009；Pagiola et al.，2010），且具有较高的准确性（谷学明等，2011），傅娇艳、丁振华（2007）综述了湿地生态系统服务价值评价研究情况，并且比较了各种不同方法的适用度，其中机会成本法的适用度最高。生态补偿的标准测算依据是生态建设的直接投入和造成的机会损失，这些均可通过市场价值进行核算（薄玉洁等，2011），也有研究者认为生态补偿中的机会成本分为土地利用成本和人力资本（Kroeger and Csaey，2007）。

已有研究表明，运用 CVM 方法得出的价值是运用机会成本法得到价值的两倍多（Moran，1994），机会成本法之所以会导致补偿不足（Castro and Costa，2001），是因为机会成本统计不完全，农民的损失被低估了（秦艳红、康慕谊，2007；李晓光等，2009）。但运用机会成本法计算出来的标准往往会高于补偿者的支付意愿，甚至超出其支付能力（李怀恩等，2009），这也是机会成本法与 CVM 方法的差异。在运用机会成本法时，重要的是载体的选择，因此载体的选择直接决定了补偿主体放弃的最大利益是多少，即机会成本是多少；并且由于决策并非只限于一个时期，而是一个长周期，故采用机会成本法时，需要考虑时间和风险因素（李晓光等，2009）。通过比较补助金成本与林地生态系统修复潜力，研究政府支出的成本有效性，可以得出生态修复潜力与政府支出呈负相关关系（Macmillan et al.，1998）。造林成本法是指利用可以吸收同等数量二氧化碳的造林地的成本来代替用其他方法吸收二氧化碳的功能价值（王景升等，2007；林媚珍等，2009；金姝兰等，2011），主要用于评估生态系统的固碳释氧价值。在已有研究（侯元兆等，1995）中，我国固碳造林成本为 273.3 元/吨。

综上，国内的研究主要集中于生态功能区（谷学明等，2011）、流域的生态补偿（沈满洪，2004；李怀恩等，2009；孔凡斌，2010；魏楚和沈满洪，2011），农业系统的生态补偿（陈源泉、高旺盛，2007；严立冬等，2009；曹志宏等，2009；金姝兰等，2011），森林资源生态补偿（王景升等，2007；林媚珍等，2010），水源地生态补偿（王燕，2011；薄玉洁等，2011）和山区生态补偿（李晓光等，2009）等。国内的这些研究为本书利用机会成本法来测算造林补贴提供了研究思路。

一般地，由于自然资源有多种用途，但其价值使用是有限制的，所以当自然资源选择了其中的一种用途时，就会失去将该资源用于其他用途的机会，那么其他用途中该资源所能实现的最大经济价值，即该资源用于一种用途时的机会成本（孔凡斌，2010）。土地作为一种自然资源当然也具备该特征，并且发展中国家的农户，其主要收入来源于在土地上进行的农业经营，对于实施生态环境保护项目的地区，如果相应的生态补偿标准不能弥补农民在土地上进行农业经营获得的收益，则农民会继续在土地上进行农业经营，而不会将自己的土地纳入生态环境保护项目。

按照机会成本的定义，对于造林项目而言，其主要政策目标是实现生态效益，而非实现木材供给，因此造林会长周期甚至永久地将农户的土地用途固定为林业，而非农业、牧业，这样的情形之下，一旦参与造林项目，农户的生产生活方式会发生巨大变化，尤其对于耕地造林的农户更是如此，因为造林活动会使得农户失去土地其他用途产生的机会成本（李云驹等，2011）。一方面，造林需要投入劳动力和部分资金；[①] 另一方面，农户无法在土地上进行耕作或者种植牧草从事养殖业。徐晋涛（2004）在分析退耕还林成本有效性时，定义的退耕还林的机会成本为单位退耕地的种植业净收益，因为如果政府发放的补偿无法弥补农户所退耕地的亩产收入，农户将不愿意参与退耕还林项目（何家理，2001）；同样，在计算流域生态补偿时，李云驹等（2011）也将耕地使用的机会成本定义为耕地的收入水平，同样的观点也可参考张广华等（2005）、杨旭东等（2002）、杨旭东和王聪（2003）的研究，机会成本用单位面积农田年均收益来表示。也有学者认为退耕还林的补偿应该包括两个部分：一是原来耕地如果不参与退耕还林项目可能带来的利润，二是原来的荒山荒坡如果开垦成耕地可能带来的利润（刘丽，2006；叶伟，2009）。通过实地调研发现，随着政府对农业税收政策和粮食价格的调整，农户作出是否继续退耕的选择，主要基于以下两方面的考虑：一方面是毁林复垦前后的成本收益比较，而不是退耕前后的成本收益比较；另一方面是退耕农户是否有时间和精力（是否能有效地转移劳动力）进行复垦，这主要取决于农户是否从事其他产业并愿意放弃其他产业而选择复垦的机会成本（林德荣、支玲，2010）。

综合以上学者的研究成果，本书将造林地其他非林用途的最高收益作为其机会成本是合理的。基于此，政府给予农户的补贴至少使得土地用于造林获得的总收益（造林的经济收益加上政府补贴）不低于其机会成本，这样造林才有可能成为土地所有用途中收益最大的，理性的农户才会选择造林而非其他土

---

① 中国现行的几项生态造林项目，均是采取由政府提供苗木、管护费用，而由农户自己投工投劳的模式进行造林。

地用途。

(三) 自愿环境协议

从 20 世纪七八十年代起,许多发达国家就开始开发一系列的环境管制手段,旨在防止环境恶化及减少污染,先后经历了"控制－命令"手段、基于市场化工具的环境管制以及自愿性措施 (Lyon and Maxwell, 2000)。自愿环境协议代表一种新的环境控制办法,并且在世界上许多国家和地区得到运用,例如美国和欧盟。在 20 世纪 90 年代初期,自愿环境协议在美国迅速地应用,这就推动了小范围却不断扩展的关于自愿环境协议的理论与实证研究。这些研究主要关注自愿环境协议所引发的社会福利效用,而作为这些研究中非常重要的一部分,现有自愿环境协议的文献解释了为什么被管制的企业或组织和管制者均渴望达成自愿环境协议。但是通过对这些文献的仔细梳理会发现,这些文献的许多解释都是绝对的、不受时间影响的,因此这对于美国为何突然出现自愿环境协议的现象就不能作出很好的解释。基于此,Maxwell 和 Lyon (1999) 在制度框架下分析了自愿环境协议 20 世纪 90 年代初期出现在美国的原因。在这些国家,环境协议的内容是多样化的,旨在实现的环境目标也各异,并且其采取的激励措施和项目实施的程序均存在不同程度的差异。自愿环境协议实质上是具有环保意识的土地所有者以愿意接受低于生态效益市场价值的补偿额度去合理利用其土地,进而实现其土地能够发挥最大生态效益的目标 (Michael, 2003)。Karamanos (2001) 分析了自愿环境协议的主要特征,设定了一个可以识别这些自愿环境协议主要特征的定义,梳理了自愿环境协议的发展历程,分析了当前自愿环境协议的运用领域及趋势,总结了自愿环境协议与环境管制之间的一些重要联系,并提出了未来关于自愿环境协议的研究方向。

伴随自愿环境协议的应用,大量的实证和理论研究也开始集中讨论自愿环境协议。理论方面主要集中于讨论自愿环境协议的产生机理、主要特征，比较其与传统强制性手段的优缺点，以及自愿环境协议取得的社会经济成效。

在环境政策领域里，传统的政策工具就是自上而下的命令—控制型管制工具，但是管制性工具效率低以及执行成本高，并且政府强制性地将土地划为生态用途，引起了土地所有者的强烈不满，而政府强制性地推行生态保护这种手段也遭到了产权提倡者的批判（Juutinen et al.，2008）。强制性的方法对于土地所有者在自己土地上进行生态保护并未提供任何激励，相反会导致土地所有者采取不利于生态保护的土地利用方式，以表示其对政府强制性措施的不满（Innes et al.，1998；Polasky and Doremus，1998）。基于传统环境管制手段的弊端以及社会的进步，自愿工具结合经济工具的环境管理新手段于20世纪90年代得到广泛应用，其实自愿性环境政策最早始于20世纪60年代的日本，后来在全球范围内逐步得到推广（王惠娜，2010）。随着时间的推移，自愿性环境政策在世界范围内逐步得到完善和发展，尤其是生态环境保护项目中，由于自愿环境协议和生态补偿能够带来许多意料不到的结果，利用此手段实现私人土地上的生态保护已经引起越来越多学者与专家的兴趣（Mäntymaa et al.，2009）。自愿环境协议与生态补偿相结合有可能减少强制性手段所引致的不良激励（Langpap and Wu，2004）。例如，如果土地所有者因保护其私有土地的保存价值而没有得到相应的补偿，则其没有动力去保护土地的保存价值，但这些土地的保存价值对于政府而言意义重大（Mäntymaa et al.，2009）。与传统的强制性方法（如强制性购买）相比，自愿环境协议更容易被土地所有者接受，并得到社会的普遍认可（Horne et al.，2004；Horne，2006）。

自愿环境协议比强制性政策的效率高，主要是由于其比较灵活并且具有较低的交易成本和机会成本（Baggott，1986；Goodin，

1986；Langpap and Wu，2004；Juutinen et al.，2008；Mäntymaa et al.，2009）。形式灵活是由于其可以采取经济激励手段，例如税收、交易许可以及社会环境责任等方式促使私人部门加入自愿环境协议，也可以采取诸如立法威胁等方式来督促私人部门参与自愿环境协议。由于自愿环境协议超出立法约束，所以私人部门自愿主动地提出要实施环境保护或者节能减排措施，与以传统的强制性手段来达到环保或者减排的目标相比，会大大降低项目执行成本。自愿环境协议最大的优点就是可以减少相关主体的利益冲突，这主要是由于其降低了各方主体对于正规法律程序的依赖度（Goodin，1986；Baggott，1986），因此更能促进相关主体进行环境保护的积极态度，这些优点使得其在社会上受到广泛的认可（Juutinen et al.，2008）。如果自愿环境协议设计合理，则基于自愿环境协议的生态保护项目就会激励土地所有者通过土地的合理利用发挥生态效益，使土地所有者成为环境保护的合作管理者（Smith and Shogren，2002），这也会大大降低项目执行过程中的谈判成本及执行成本。总之，以上这些优点均会降低环境管制过程中的交易成本。机会成本较低则是由于自愿环境协议可以更加灵活地决定用何种方式去实现环境保护的预期目标（Segerson and Miceli，1998），尤其当具有环境保护意识的土地所有者能够被识别出来，并被说服签订自愿环境协议，此时机会成本会更低（Smith and Shogren，2002；Michael，2003）。

通过各国的实践及学者对自愿环境协议的研究，可以看出主要有两种类型的自愿环境协议可以达成：一种是通过提供积极的激励措施（例如成本分摊或者其他的补贴政策）来引导私人部门或者私人参与自愿环境保护项目；另外一种是通过自愿环境协议无法达成带来的更加严重的后果（例如立法威胁）来引导私人部门或私人参与自愿环境保护项目（Segerson and Miceli，1997）。尽管第二种方式并不是真正意义上的自愿性协议，而是企业被迫在两害之中取其轻（Goodin，1986），但是实际上立法所形成的背景威胁似乎存在于许多谈判成功的自愿环境协议之中，例如荷兰的国家环境政策计划、美国环保局旨在减少工业排放的有毒污染物33/50 项目（Segerson and Miceli，1997）。

生态环境已经成为一种稀缺的生产要素，也是一种供给不足的公共产品（陈祖海，2004）。在矫正环境正外部性方面，各国均做出了许多努力，中国也不例外。从已有的研究中可以看出，基于政策法规的强制作用，学者们纷纷针对农户的补偿诉求展开研究，尽可能地激发农民通过土地的合理利用去实现政府所追求的生态效益。尽管如此，也不可避免政府失灵的出现，不适当的生态补偿制度人为地扭曲了价格机制，单纯依赖政府完成环保融资并不能达到最优的结果，因此就需要有一种新的环境治理手段，即一种非政府、非市场的自主治理模式（卢现祥、张翼，2011），来解决现有的尴尬局面，而自 20 世纪 90 年代初期被广泛运用的自愿环境协议则成为首选。自愿环境协议实质上是将环境政策设计的重任转换给私人部门，而这些私人部门正好是环保资源的合作提供者，因此，由私人提出的政策设计可以保障环境资源供给的稳定性和可持续性（宋妍，2013）。但是由于自愿环境协议是环境政策工具中新开发的工具之一，要想在中国环境治理的大背景下发挥积极作用，并充分发挥其环境保护功能，就必须加大环境管制的压力（王惠娜，2010）。这在国内的许多研究中也是非常明显的一个结论，这就属于引导私人参与自愿环境保护项目的第二种类型，即强有力的背景威胁促使农户参与。但是，在以政府为主导的生态补偿机制中，政府决策为主而利益相关者参与协商机制缺失，正是利益相关者参与度不够，才导致生态补偿机制的推行不能达到政策的预期，从而无法实现生态和自然资源等一系列公共产品或公共服务的可持续性供给。而以市场为基础的经济激励手段要明显地优于以命令－控制为基础的管制手段，因为前者可以以最低的费用去高效率地实现既定的环境治理目标（苏小燕，2003）。另外，Pagiola 等（2007）也认为市场主导的生态补偿模式效率更高，因为生态服务的消费者和生态服务的供给者都直接参与了价格的协商过程，并且均对生态服务足够了解，若二者之间在补偿价格上存在分歧，可以通过不断的协商过程达到双方均满意的状态。但是市场主导的生态补偿模式需要满足一定的条件才可以有效率地运行，例如需要明确的产权、极低的交易费用及完善的法律制度。根据我国的实际情况，市场主导的生态补偿条件并不能完全满足，所以由政府主导的生态补偿在很长一段时期内仍占主导地位，但是可以在政府主导的生态补偿政策中，借鉴市场主导型生态补偿模式的一些经验，加以改进，从而改变政府主导生态补偿模式的低效率现状。例如，将自愿环境协议引入政府主导的生态补偿机制，这样，在政府主导型的生态补偿项目中，也就存在了生态补偿的供给者和生态服务的需求者（政府作为生态服务需要者的代表）的价格协商过程，虽然不能完全模拟市场运作机制，但最起码在一定程度上已经避免了政府直接确定补偿标准的一刀切的做法。因此，许多学者从经济激励的手段出发来引导农户参与自愿环境保护项目，这就属于自愿环境协议的第一种诱导因素，即通过市场化的经济激励，鼓励农户自愿参与环境保护项目。

考虑参与者意愿的生态补偿研究有许多，例如，考虑到少数民族的特殊性，利用参与性农户评估和条件价值评估方法，对西南少数民族地区进行实证研究，认为可以通过延长退耕补贴的年限来巩固退耕还林工程的成果（李海鹏，2009）。刘某承等（2012）从农户的受偿意愿出发，充分考虑政府对补偿资金的投入与产出情况，构建了稻田生态补偿标准的计算框架，并考虑政策的有效性，构建了稻田生态补偿的动态标准。农户的受偿意愿反映了生态系统服务提供者自愿提供生态系统服务的成本，但考虑到支付意愿和接受意愿两种标准之间存在巨大差异（李晓光等，2009），因此生态系统服务的补偿标准则需要从生态服务供需双方出发，综合考虑来确定最终的补偿标准，因为只有符合供需双方的意愿，才可以保证生态系统服务的足量供给，实现社会效益的最大化。但利用自愿环境协议去探讨生态补偿标准的研究在国内较少，这也正是本书的意义所在。

在我国的森林生态效益补偿试点阶段，主要的补偿方法是成本补偿法和效益补偿法（朱蕾、李杰，2007）。其中，效益补偿的方法，主要涉及森林的生态价值评估，而关于森林生态价值评估的方法中，最常用的方法之一是替代法。考虑到该方法估计结果与实际的差距，仅能得出理论上的生态价值，但可以通过市场逼迫系数，使该生态价值更加接近于实际的森林生态价值对应的市场价格（秦伟等，2008）。朱蕾和吕杰（2007）基于效益法和成本法，建立了收益协调的双层模型，上层模型是为了实现政府所追求的生态效益最大化，下层模型则是通过森林生态补偿实现林业生产者的经济利润最大化。另外，于金娜和姚顺波（2012）从碳吸存视角，将农户效用最大化模型纳入政府的退耕还林补贴的政策决策模型，以期实现政府与农户的目标激励相容。

在国外的生态补偿项目研究中，确定生态补偿标准的常用方法是拍卖（Latacz-Lohmann and Van der Hamsvoort，1997；Rolfe and Windle，2011；Stoneham et al.，2003），但是符合收益等价原理的拍卖基准模型是需要满足非常严格的约束条件的，而这些假设条件许多在现实中是难以实现的（邓晓红、徐中民，2012）。研究表明，在没有预算约束的拍卖过程中，最优机制是设置保留价格，即可接受报价的上限（Klemperer，2004；Lynne et al.，1988；Krishna，2009；Vickery，1961），但为了提高生态系统服务的采购效果，如果农户属于风险规避者，则在拍卖实施过程中最好对保留价格采取保密措施（邓晓红、徐中民，2012）。邓晓红和徐中民（2012）构建了不同风险偏好下拍卖投票者的最优报价模型，尝试将其运用于生态补偿项目中，并以退牧还草为例展开实证研究，得到拍卖竞标的价格与牧民的机会成本密切相关的结论。退耕还林成果巩固的关键在于政府采取的退耕还林补偿机制与农户决策及其行为激励相容（林德荣、支玲，2010）。从博弈论的观点出发，政府与农户的决策和行为均对退耕还林工程的可持续性具有重要影响（林德荣、支玲，2010）。自愿环境协议与拍卖竞价机制虽类似但不同，不同主要体现在自愿环境协议的竞价基础是基于专家学者评估的生态价值，这样在实施上可以提高效益。

（四）碳吸存与最优轮伐期管理

要用碳吸存来计算森林外部性，就必须认识到，森林的固碳能力受森林经营的直接影响（Irland and Cline，1999），与林木的生长期限、森林的蓄积量有直接的联系。因此，要以补贴的形式，对森林的碳吸存功能进行补偿，实际上就是要促进森林的可持续经营。从这一角度出发，就必须借鉴从 Faustmann（1849）、Hartman（1976）等人开始的有关森林可持续经营的研究成果。

最早提出林木最优轮伐期的文献可追溯到 1849 年，Faustmann（1849）提出了通过土地期望值最大化来确定最优轮伐期的思路，随后许多学者就研究了不同情境下最优轮伐期的确定问题（Gan et al.，2001）。例如，有些研究在考虑木材价值的前提下研究最优轮伐期（Hyde，1980；Chang，1983；McConnell et al.，1983；Newman et al.，1985）；有些研究者根据国际贸易中木材价格的变动，将未来原木价格不确定性因素引入日本国内林业管理框架，来寻求最优轮伐期，并比较不同情境下随机模型与确定模型下的最优轮伐期的异同（Yoshimoto et al.，1998）；有些研究者则运用个体林木生长模型，分析了不同林业经营目标下的最优轮伐期（Rautiainen et al.，2000）。直到近代，仍有学者运用 Faust-mann 模型做出了一系列的研究尝试：研究森林的经济成熟期时，考虑到森林管理成本随着砍伐年限的不同而不同，故将经典 Fau-stmann 公式里面设置为常数的管理成本改变为随林龄而变的一个函数，从而修改了经典 Faustmann 公式，使其既适应于天然林又适应于人工林，并分析了轮伐期、利率、立木价值和森林经营管理成本与森林经济成熟期之间的关系（Qin and Zhao，1998）。Stollery（2005）建立 Faustmann 模型，研究得出气候变化引致火灾风险增加，使得商业或者社会最优轮伐期缩短，从而使森林的碳吸存能力减弱；Xabadia 和 Goetz（2010）运用 Faustmann 模型，通过规模分布的林木内竞争（个体林木就空间、光线以及营养等稀缺资源进行竞争）分析了最优的采伐机制。Chang（1998）将 Faustmann 模型运用于同龄林分管理中，开发了同龄林分的最优管理指导模型（Pasalodos-Tato and Pukkala，2007），分析了同龄林的最优密度管理（Jayaraman and Rugmini，2008），分析了 Fau-stmann 模型与不受约束的轮伐期模型下，同龄林与异龄林管理之间的最优选择问题（Tahvonen，2009）。2010 年 Chang 和 Gadow（2010）再次将 Faustmann 模型运用到异龄林分的管理中，从理论的角度拓展了 Faustmann 模型的运用范围。

　　虽然 Faustmann 轮伐期在某些情境下不适应，但后续研究表明这是林木价值估计公式的错误导致的（Tahvonen and Kallio，2006）。事实上，Faustmann 模型只考虑了林木的木材收入来计算最优轮伐期，加之其严格的假设前提（Yoshimoto and Shoji，1998），Faust-mann 模型在林业经济计量中的接受度并不广泛（Samuelson，1976）。众所周知，林木除了可提供经济效益以外还可提供非经济价值，即生态价值，这些生态价值对于社会具有重大意义。为了综合考虑木材生产的收益和林木的生态价值，Hartman（1976）最早发展了 Faustmann 模型，将生态服务引入土地期望值模型，并且假设生态服务仅仅依赖于林龄（因此它间接依赖于林木蓄积的规模）。因此，生态服务的经济价值就可以表示为林龄的一个函数，这个方程的优势是假设林木经营者能通过简单的最大化木材收益和生态服务的净现值来确定轮伐期（从经济学角度看，这使得土地所有者的目标函数近似于线性）。随后的研究大多采用这些假设作为研究起点，更多地去研究林木生态服务前提下的轮伐期。例如，Calish 等（1978）考察了非木材价值对道格拉斯冷杉的轮伐期的影响；Nguyen（1979）研究了考虑环境服务的林木管理中的最优轮伐期问题；Strang（1983）则研究了最优的林木砍伐决策；Pukkala 和 Miina（1997）采用随机最优模型，通过效用方程将不同的森林管理目标转化为相同单位，来研究最优轮伐期，通过实证分析进一步得出结论：随机模型与确定性模型相比，会延长轮伐期；Newell 和 Stavins（2000）分析了主要因素变动下碳吸存成本的敏感性，最终指出适当的轮伐期对碳吸存有重要的经济意义。Gan 等（2001）在考虑森林非木材价值的前提下，研究了林木（同龄林与异龄林）的最优采伐量与最优蓄积量，并从理论上建立了一个林木管理的最优控制模型。Campbell 和 Jennings（2004）研究了非木材价值与最优轮伐期。Huang 和 Kornrad（2001）的研究分析了政府如何制定财政补偿或激励政策：一方面，补偿要促进林木所有者实现最大程度碳固定的经济最优轮伐期；另一方面，补偿要激励私人土地所有者将所有非立木地转变为林地，以利于碳固定。Díaz-Balteiro 和 Romero（2003）归纳了两种途径可以把碳吸存和木材收益同时纳入林业经营，一种是把碳吸存作为一种补充目标，建立双目标函数的目标规划模型（Hoen and Solberg，1994；Hoen and Solberg，2000）；另一种是可以把碳吸存效益引入经典的 Faustmann 模型（Hoen，1994；van Kooten et al.，1995；Romero et al.，1998）。之后，许多学者相继运用线性规划方程探讨多目标经营下的碳吸存和木材收益最大化问题（Spring et al.，2005；Yoshimoto and Marušák，2007）。然而，有些学者（Tassone et al.，2004）通过对于意大利南部不同土地类型造林项目的分析，认为在 2080/92 管理条例的约束下，考虑碳吸存效益的社会最优轮伐期比相同情况下的私人轮伐期（不考虑碳吸存效益）要长，并且荒地造林的社会效益依次高于牧地、农地造林，而通过研究还意外地发现，在所研究区域给予造林补贴会不同程度地加剧社会损失。不过之后就有学者对此进行了进一步分析研究，并未得到理论与实践支持的相同结论，并且认为这样的结论是基于错误的假设前提得出的（Thorsen et al.，2007）。还有学者研究松树的松脂效益与木材效益的 Hartman 模型（Wang et al.，2006），也有从林木的不同生态服务出发来进行研究的，比如生物多样性保护效益（Koskela et al.，2007）和生态资源效益（Touza et al.，2008）。其中，综合考虑碳吸存价值的森林生态系统，在林业经营计划模型中占有十分重要的位置（Keles，2010），且学界基本达成共识：考虑碳吸存效益的轮伐期会延长 Faustmann 轮伐期（van Kooten et al.，1995；Sohngen and Brown，2008；Daigneault et al.，2010）。Nhung（2009）基于 Hartman 模型研究了不同树种的最优轮伐期、碳吸存能力及其所带来的影响。Köthke 和 Dieter（2010）阐述了奖励碳吸存服务的经济手段可能对林木管理尤其是最优轮伐期的影响。Olschewski 和 Benítez（2010）以厄瓜多尔西北部的速生树种为例，分别采用最大持续木材产量、木材生产与碳吸存综合法三种方法，测算木材生长和碳吸存对于林木最优轮伐期的影响，认为碳吸存对于轮伐期的确定有重要的实质影响。Asante 等（2011）则运用动态规划方法研究碳吸存的最优轮伐期，并通过敏感性分析得出结论：最优轮伐期对于死有机物质（DOM，Dead Organic Matter）所固定碳量相对不敏感。同样利用动态规划方法，在考虑木材收益与碳吸存收益的前提下，Díaz-Balteiro 和 Rodriguez（2006）研究了最优间伐期以及整个轮伐期内最优间伐次数，并分别以巴西和西班牙的不同桉树品种为例，得出不同立地条件会对最优间伐期以及最优间伐次数产生影响的结论，并且通过敏感性分析发现，所得结论对于碳价和折现率这两个因素非常敏感（Díaz-Balteiro and Rodriguez，2006）。Asante 和 Armstrong（2012）在综合考虑木材价值、活生物量中的碳流量、死有机物质及木质产品的前提下，分析了森林的最优经济轮伐期，并通过比较静态分析得出以下结论：相对于仅仅考虑木材价值的结论，同时考虑木材价值和活生物量中的碳流量延长了轮伐期；同时考虑死有机物质和木质产品对最优轮伐期的影响，结论是不确定的。

基于 Asante 和 Armstrong（2012）及 Asante 等人（2011）的研究，Holtsmark 等人（2013）认为其研究忽略了一个重要的事实：死有机物质及第一次采伐后木质产品由于分解腐烂所释放的碳——因此，Holtsmark 等人（2013）在考虑 DOM 以及采伐后残余所释放碳的前提下，对森林的最优轮伐期进行了研究，并明确这些因素是如何影响森林的最优轮伐期的。在仅仅考虑树干的碳吸存效益假设下，跟 van Kooten 等人（1995）的研究方法类似，Holtsmark 等人（2013）发现碳的社会成本越高，森林的轮伐期越长，但是如果碳的社会成本超过一定的界限，则森林的轮伐期趋于无穷大，即森林永远不采伐是合理的经营方案。由于其他活的生物量（例如根、树桩、树梢以及枝丫）在生长过程中也会体现重要的碳吸存能力，所以除了树干，这些活的生物量也必须加以考虑。之所以将这些活的生物量纳入模型，主要是基于这样一个事实，就是在采伐之后，树木的这些部分作为残余逐渐地腐烂并释放碳。研究结果同样表明，碳的社会成本越高，最优轮伐期越长，但是当碳的社会成本超过一定的临界值，森林要实现最优的碳吸存效益，其最优经营管理决策是永不采伐。与仅仅考虑树干的碳吸存效益相比，考虑全部生物量（包括树干、根、树桩、树梢及枝丫）的最优轮伐期会较高，而在永不采伐前提下的碳的社会成本临界值会偏低（Holtsmark et al.，2013）。除了考虑以上这些因素，Holtsmark 等人（2013）还考虑了自然产生的死生物量（NDOM）的碳吸存和碳释放。在上面模型中加入 NDOM 之后所得结果表明，最优轮伐期比不考虑 NDOM 的情况要长。除了上述三种情况，Holtsmark 等人（2013）还考虑了采伐后的木材变成木质产品后所释放的碳，基于扩展后的模型得出的结论显示，最优轮伐期比不考虑木质产品释放碳的情况缩短了，该结论也与 Asante 等（2011）、Asante 和 Armstrong（2012）、van Kooten 等（1995）、Hoel 等（2012）的结论吻合。碳税和碳补贴均会影响到森林的最优轮伐期，因此也会影响到森林所储存的碳量。与 Hartman 轮伐期不同的是，外部效益是关于木材在任何时间某一特定立地条件下生长所形成材积的函数，因此碳吸存效益是生物量变化量的函数。一般来讲，考虑到碳吸存这种外部性效益的森林轮伐期会比纯经济轮伐期（Faustman 轮伐期）要长（van Kooten et al.，1995）。除了碳吸存效益外，如果考虑了森林的其他正外部性效益，同样会延长森林的纯经济轮伐期（Tassone et al.，2004）。

由于林木生态服务的范围很广，因此，随着研究的不断发展，许多学者也对 Hartman 模型进行了细化，从不同的林木生态服务出发来进行研究。其中关于碳吸存的研究占多数，但是要实现经济利润，同时实现高碳吸存水平，作出这样的林木砍伐决策是非常困难的（Díaz-Balteiro and Romero，2003；Boyland，2006），但学者们还是不断地进行研究探索。

综上，最优轮伐期的选择在造林项目中是一个非常重要和关键的问题（Tassone et al.，2004）。在 20 世纪 90 年代之前的很长一段时间内，中国确定林木轮伐期的原则非常单一，即森林成熟度（王木楠，1989），然而考虑到森林经营的多用途和多目标性，这种原则是一种简单可操作但缺乏科学性的方法。确定最优轮伐期的最优原则是非常复杂与困难的，这要将林业经营的策略与国家宏观发展规划相匹配来进行确定。

张志涛等（2010）针对福建三明市尤溪县某林场，研究公共财政对于人工商品林发展的影响，得出重要结论：税费减免政策和造林补贴政策对于人工商品用材林的轮伐期无影响，其中税费减免政策可以明显提高人工商品用材项目的内部收益率，造林补贴政策可以显著影响土地期望值。基于以上结论，作者建议加大公共财政政策扶持力度，例如加大造林补贴和保险补贴的力度、完善林业税费制度等，以促进人工商品用材林发展。朱臻等（2013）基于浙江和江西的农户数据，以杉木种植为例，研究了碳汇目标下农户进行森林经营的最优决策。研究表明，当杉木价格远远高于碳价时，农户追求木材收益的目标与实现碳汇的目标是一致的。

关于碳吸存的林业经营经济方面的研究较少，且许多案例让读者困惑或者易造成误导（Boyland，2006）。有三种被广泛认可的碳评估方程给出了相互冲突的结果，其中有两种（流量累积法、平均储存法）忽略了碳效益的时间价值和其他必要数据，只有碳贴现方程给出了可合理解释的经济结果（Boyland，2006）。森林所固定的碳主要储存在以下五个部分：土壤、枯枝落叶层、地上部分、地下部分及根部生物量（Ramlal et al.，2009）。其中，森林所固定的碳绝大部分储存在土壤中，超过了60%（Kohlmaier et al.，1982；Nilsson et al.，1995；Irland and Cline，1999），而树木与地面碎屑分别占到29%和10%（Irland and Cline，1999），因此，造林项目的碳吸存潜力与地面以下生物量和土壤吸存的碳紧密联系（Nilsson et al.，1995）。另外，需要考虑生物量腐烂所导致的二氧化碳的释放（McKenny et al.，2004；Yemshanov et al.，2007）。但在实际研究中，也采用木质生物能源燃烧所释放的二氧化碳作为衡量指标（Ramlal et al.，2009）。Hartman 在研究轮伐期时，将外部效益看作材积不断增长的方程，而实际上碳吸存是一个随生物量变动的函数（van Kooten et al.，1995），正因为碳吸存是森林资源储量的函数，所以它实际上也是林龄的一个函数（Sohngen et al.，2008）。在本书中，考虑到数据的可获得性，再参考已有的研究成果，在计算碳吸存效益时，考虑了碳的净吸存量与生物量之间的关系。

目前，欧盟等国家（地区）已经出现碳汇市场，通过市场化的方式来对森林的环境价值予以补偿。各国政府对森林碳汇价值的重视，为碳汇的正常交易创造了条件，对碳汇效益的计算可作为确定生态效益补偿标准的具有权威性的理论参考（张颖等，2010）。

国外学者关于林木最优轮伐期的模型和森林碳汇价值的计量及其应用方面的研究，为本书运用碳吸存效益内部化方法研究造林补贴标准，提供了重要的理论依据和有效思路。

三　国内外造林补贴政策的经验总结

世界上大多数国家的造林补贴政策表明造林补贴是一种非常重要的林业政策工具，因此有必要根据具体的国情和林业资源条件制定和执行补贴体系（He et al.，2010）。尽管国内外造林补贴政策主要采用两种方式，即公共财政补偿和市场机制补偿（梁丹，2008），但在本书中主要关注公共财政补偿这种方式。由于现阶段我国采用市场机制来解决公共物品的供给，但市场的不完善导致交易成本过高，因此市场化的方式并不是解决包括森林在内的公共物品供给的理想途径；另外，世界上各国林业生态补偿政策均显示，由政府提供补贴这种补偿方式是普遍受欢迎的，而且是最直接的手段。这种方式由政府直接向森林的供给者提供补贴、税收减免、贴息贷款，目的是激励其经营和保护森林，以实现森林的最优生态服务功能。世界上大部分国家都或多或少以这种形式对森林的生态服务功能提供补贴（梁丹，2008）。通过总结不同国家的造林补贴政策，可以得到以下一些经验和见解。

首先，需要制定合理的补偿原则。在人工造林及其快速发展的初期阶段，主要是采用直接的现金补贴，但是当人工林已经进入成熟期，则应逐步减少直接的现金补贴。另外，越是经济落后的国家，造林项目需要越多的直接现金补贴。目前中国正处于人工造林迅速发展的初始阶段，因此很有必要实施造林和再造林项目，并且政府的大力支持也是不可缺少的，尤其是要支持小规模的森林经营者，比如以个人或者家庭为最小单位的主体。应当指出的是，当人工造林进入成熟期时，更多的是需要通过技术投入、科学创新和间接的激励手段，去加速林业部门的快速发展。

其次，需要制定适合国情和森林资源状况的造林补贴方法。造林补贴一般通过以下三种方式进行，即固定补贴标准下的自愿协定、以案例为基础的谈判协定及投标协定。固定补贴标准下的自愿协定是指这样一种实践：政府按照财务预算和造林面积规划，去制定单位面积的造林/再造林补贴标准，而土地所有者需要决定他们是否参与项目，然后与政府签订造林和再造林的责任合同，这样才能得到相应的直接补贴款。例如，英国的林地改良补贴就属于这种补贴方式。以案例为基础的谈判协定是指政府并不规定统一的补贴标准，但是会与土地所有者分别进行谈判，并根据不同区域所发挥的生态与社会价值，去确定不同的补贴标准。这种以案例为基础的谈判模式最大的优点就是具有极大的灵活性，并且能够最大限度地发挥补偿基金的效用，同时避免由单一补贴标准与不同土地机会成本的差异而引起的效率损失。投标协定主要指这样一种机制：在补贴项目执行期间，补贴是以投标的形式在不同的区域进行确定。例如，爱尔兰的造林补贴和奖金计划就属于投标性质的协定。对于以案例为基础的谈判协定和投标协定，政府需要制定一个最高的单位面积补贴标准。中国的国情和森林资源情况决定了造林补贴必须采用固定补贴标准下的自愿协定，以案例为基础的谈判协定和投标协定也应该作为补充手段同时采用，以提高补贴基金的使用效率。另外，造林的奖金计划也应该被视为造林补贴的一种补充手段，以激励造林和补偿造林所导致的利益损失。

再次，有必要制定一个科学的补贴标准。由于不同的国情和森林资源状况，不同的国家会制定不同的造林补贴标准。因此中国也需要结合实际情况制定合理的补贴标准，一般来讲，保护造林成果的补贴应该大于造林的补贴，新造林的补贴应该大于再生造林的补贴；在立地条件差的地区，其造林补贴应该高于较好立地的造林补贴；混交林的造林补贴应该高于纯林的造林补贴。

又次，应该确定切实可行的造林补贴资金来源。一个国家的造林补贴应该由中央政府补贴资金、中央和地方政府配套补偿资金以及地方政府补偿资金共同构成，但是中央政府补偿资金的比重（60%～70%）应该高于其他两种资金来源的比重（30%～40%）。根据中国的实际情况，建议可以采用中央和地方政府配套补偿资金，而地方政府的配套资金可以根据不同地区的实际经济发展水平来进行调整。

最后，需要建立一个合理的造林补贴体系。在中国实际国情的基础上，造林补贴体系应该包括以下几个核心内容：补贴的基础、补贴的类型、补贴的问题、申请资格、配额及造林条件、申请和评估程序、批准和执行以及相应的管理措施等。另外，补贴体系需要详细说明补贴的期限，并根据国家经济和林业发展的水平做相应的动态调整，以提高补偿基金的使用效率。

即便在发达国家，生态补偿标准的研究也仍然处在探索阶段，但我国与这些国家在历史、文化、经济及管理体制等方面的差异，使我国生态补偿标准的确定只能借鉴国际经验，结合中国实际情况，探索适合我国国情的生态补偿方式（李文华，2006）。

四 研究的理论框架

国外的森林生态补偿主要采用拍卖或者投标的方式展开，而在国内更多的则是由政府直接制定标准，当然也有学者在尝试使用市场化的方式去解决造林补贴问题，这主要是由于中国的小农比较分散，如果采用这种方式会增加其交易成本；但这并不是说通过自愿协议的方式双方无法就生态补偿标准达成一致，如果社会经济特征类似的小农可以推选出自己的法定代表，这样与政府进行协商的可能性和可行性就会增加，而本书就是基于这样的假设，借鉴国外比较成熟的方法，在考虑碳吸存效益的前提下，研究中国黄土高原地区造林补贴标准。

从决策角度出发，价格是由供需双方共同决定的；造林补贴标准，同样是由森林生态效益的提供者——林农和森林生态效益的需求方——政府共同决定的。对于农户而言，其做决策的依据是获得最大的经济利益，政府做决策的依据是提高政策的效率，而造林项目则主要是实现森林的碳吸存效益，因此，要确定最终的造林补贴标准，则需要先研究林农和政府各自的造林补贴诉求，然后基于两者的造林补贴诉求，将两者纳入自愿环境协议框架进行平等协商，来确定最终的造林补贴标准。

尽管从长远来看，要保证造林项目的可持续发展，必须从创造平等的非农就业机会、合理转移劳动力入手，从而实现增收途径的稳定（徐晋涛等，2004）；但从短期来看，现金补贴仍然是激励农民参加造林项目的关键因素。通过调研发现，近70%（共计209户）的样本农户认为其最期望的补贴方式是直接的现金补贴。因此，接下来本书将讨论造林补贴标准框架的构建。

私有林发展中存在的主要制度障碍就是产权残缺、税费体制不规范以及融资体制不健全（陈念东，2008）。因此，在本书中，对于产权的假定是明晰的，即农户对于土地拥有完整的产权。本书在此框架下展开研究，得出相应的结论，在后续的研究中会进一步放宽假设，以完善本书的理论框架。

参照国内外造林补贴的实践经验，本书构建的基于自愿环境协议的造林补贴标准框架如下：个人或组织自愿参加造林工程且自愿选择造林树种，例如造用材林或者生态林，提交参与申请及补偿诉求后，由政府组织相关专家进行实地调研及资源的清查，考核合格者与政府签订协议，以合同的形式确定双方的责、权，具有权威性。具体来讲，造林者必须保证必要的成活率，再经过政府的检查验收，方可获得相应的造林补贴；在政府规定的年限内不允许砍伐，超过政府规定的年限，则林木可以用于采伐并出售，相应的收益归造林者所有，政府不再干涉。在这里需要说明的是，在构建自愿环境协议框架之前，需要首先界定农户和政府针对造林项目的补偿诉求。因此，本书首先根据林农的受偿意愿和机会成本，得到农户的造林补贴诉求，将其作为农户参与造林项目的最低补贴标准；然后根据树种的碳吸存效益函数，计算出考虑碳吸存效益的社会最优轮伐期，据此得到政府实现碳吸存效益的补偿诉求，并将此作为政府愿意支付的最高水平；最后才可以将林农和政府纳入自愿环境协议，通过协商确定最终的造林补贴标准，以实现政府与林农的共赢。

▶ 第三章
基于机会成本法的农户造林补贴诉求

本章主要是从机会成本视角出发，通过建立农户造林行为决策模型，来测算基于农户视角的造林补贴标准，并以国内典型的造林项目进行实证模拟，以期验证本章所构建模型的可行性。考虑其特殊性及典型性，本章主要以退耕还林项目为例展开，其中，退耕还林项目以退耕还林示范县陕西省吴起县为例，运用本书所建立的模型去计算机会成本视角下的退耕还林补贴标准，并以此标准作为基于农户视角的造林补贴标准的客观基准。

一　机会成本法的产生及应用

森林生态补偿标准的确定一直是林业生态补偿研究的热点和难点，直接关系到森林生态效益的发挥以及林业生态项目的可持续发展，尤其针对政府主导的生态造林项目，更应该从农户角度理解和发展生态补偿，这样既有助于制定合适的生态补偿标准，也有利于生态服务的供给及补偿效率的提高（李云驹等，2011）。尽管从长远来看，要保证造林项目的可持续发展，必须从创造平等的非农就业机会和合理转移劳动力入手，从而实现稳定的增收（徐晋涛等，2004），但从短期来看，现金补贴仍然是一种激励农民参与造林项目的关键因素。通过调研发现，近70%的样本农户认为其最期望的补贴方式是直接的现金补贴。[1] 对于造林项目的补贴标准的研究，国内主要集中于退耕还林项目上，认为保证退耕还林项目可持续进行的关键是经济补偿的发放（郭普松、王建康，2008）。针对退耕还林项目的补偿标准，许多学者从不同的角度展开了许多研究，大体归纳起来有以下几类：一是从经济学角度展开研究（欧名豪等，2000；张军连、陆诗雷，2002；黄富祥等，2002；豆志杰、高平亮，2005；秦建明等，2006；秦艳红等，2006；陈念东，2008；王磊，2009；秦艳红、康慕谊，2011），二是从生态学角度展开研究（王继军，2004），三是从两者相结合的角度进行研究（李云驹等，2011）。这些方法各有优缺点，从经济学角度出发会忽略退耕还林所带来的生态价值，从生态学角度出发则会过分凸显退耕还林项目的生态效益，而忽略了造林主体的经济收益，于是就产生了第三种方法——将两者结合起来考虑，但由于生态效益的价值化仍是学界的一个难题，因此这就使得后两种方法在操作上具有一定的难度。相比之下从经济学角度出发来进行决策是具有可操作性的，并且国际上普遍认可的生态补偿标准确定方法是以机会成本为主的（Engel et al.，2008），而我国的生态补偿多以项目所导致的参与者的直接经济损失作为标准进行核算，而忽略了参与者的机会成本损失。有研究表明，为了保证生态系统的可持续发展，尤其在生态补偿的中后期应充分考虑以机会成本作为补偿标准的核算重点（贾卓等，2012）。许多学者均运用此法对各类生态保护和补偿标准进行了研究，欧阳志云等（2013）在研究我国生态补偿机制时，提出生态补偿标准的确定应该考虑以下因素：生态保护导致的直接经济损失、为了保护生态而放弃的经济发展的机会以及生态保护的直接投入。

秦艳红和康慕谊（2011）提出了基于机会成本的退耕还林工

---

[1] 该数据根据笔者所在项目组的调研数据整理所得。

程补偿标准的定量评价方法，认为农户参与退耕的机会成本，应包括因参与退耕而转变生产生活方式的各种投入以及潜在的损失，并以陕西省吴起县为例，测算出该县退耕还林补贴标准定为900元/亩较适宜，且建议生态补偿项目中的补偿应该在补偿年限内逐年递减。刘震和姚顺波（2008）运用征地法确定了合理的退耕还林补偿标准，运用收入增长法确定了退耕还林补偿年限，并基于现实情况，建议基于现有的补偿政策，应适当降低补偿标准，延长补偿年限。而在第一轮退耕还林补偿结束之后，国家为巩固退耕还林的成果，于是采取延长补偿的年限的方法，而相应的补偿标准则为第一轮补偿标准的一半。

李晓光等（2009）以土地权属为载体，应用机会成本方法测算了海南省中部山区进行森林保护的机会成本，并探讨了时间和风险因素对于机会成本的影响。其研究认为将土地权属和机会成本结合起来，也是测算生态补偿的有效方法，而充分考虑了时间和风险因素的影响之后，生态补偿标准会更加合理化和科学化。孙贤斌等（2011）采用了支付意愿法、机会成本法和费用分析法计算了生态补偿标准，经过对安徽省省会经济圈水源地的实证分析发现，运用机会成本法得到的补偿标准远远高于运用支付意愿法所得到的补偿标准，而处理费用补偿标准则是补偿双方均可接受的实际价格；作者将运用此法得到的补偿标准作为补偿的依据。李云驹等（2011）则将采用生态服务功能价值法计算的生态补偿标准作为流域退耕还林补偿标准的上限，将运用机会成本法和意愿调查法共同确定的生态补偿标准作为流域退耕还林补偿的确定依据。雍新琴和张安录（2011）依据机会成本法，测算了农户耕地保护的经济补偿标准，并以江苏省铜山县①小张家村为例，实证结果表明，该村水田保护的经济补偿标准应为480元/亩，

---

① 铜山于2010年撤县设区。

而旱地保护的补偿标准则为580元/亩。但其研究认为，农户之所以缺乏保护耕地的积极性，是因为农户保护耕地的机会成本过高，因此机会成本应作为耕地保护补偿的依据。考虑到在土地的多种用途中，以建设用地收益最高，故将耕地保护的机会成本定义为耕地转为建设用地的纯收益与粮食生产纯收益的差额。他们两者的研究思路为，以保护耕地的年度机会成本为基础，在综合考虑农户的补偿意愿以及政府财政支付能力的前提下，确定合理可行的年度补偿标准。根据福利最优原则，补偿标准应该是在一个区间内浮动，并且保证供给者成本要低于需要者的边际效用。考虑到可操作性，张建肖（2009）提出了平均机会成本的概念，并以此作为退耕还林生态补偿的标准。孔凡斌（2010）运用成本–效益分析法与工业发展机会成本法，来研究水源涵养生态功能区的生态补偿机制。谷学明等（2011）运用机会成本法，并结合区位熵理论确定成本分担系数，核算生态主体功能区的生态补偿标准。薄玉洁等（2011）运用机会成本法对水源地三大产业的发展权损失进行测算，以此为基础确定水源地发展权的生态补偿标准及补偿方式。魏楚和沈满洪（2011）从污染权角度出发，采用机会成本法和水资源价值法，构建了一个基于计量经济学的生态补偿标准体系。金姝兰等（2011）利用机会成本法及其他一些方法来进行江西省征地补偿标准的研究。简盖元等（2013）认为森林碳生产的补偿应该至少考虑到林地的机会成本和林木收获的机会成本这两个主要方面。

　　虽然均采用机会成本法进行了补偿标准的研究，但是各位学者对于参与生态项目的机会成本有不同的界定，这主要是由研究对象、可供参与项目农户选择的发展机会以及区域社会经济的特殊性决定的。也有学者从多种方法出发，来共同核准退耕还林的生态补偿标准，认为退耕还林应该补偿以下两个方面的成本（森林的管护成本、营林成本）以及退耕造成的相应粮食产量的损失

（叶伟，2009）。

我国在生态保护方面存在结构性政策缺位，尤其缺乏生态补偿方面的具体政策与实施指南，这已经严重影响到我国生态保护长效机制的建立（李文华、刘某承，2010）。因此，从不同视角进行生态补偿方面的研究，对于我国生态补偿政策的完善起积极的作用。基于我国土地用途管制的大背景，本章尝试从机会成本视角构建农户参与造林项目的行为选择模型，最终推导出农户造林的补偿标准，并以退耕还林为例进行实证模拟，得到退耕还林补偿标准。

二 基于机会成本的造林补贴
标准分析框架

由于理性的农户会选择使自己收益最大化的土地用途，因此如果政府想引导农户参与造林项目，则发放的补贴必须使得农户造林带来的经济收益是所有土地用途中最大的，即造林补贴至少等于造林的机会成本与造林收益之差。基于此思路，本部分针对稀缺的土地资源，从机会成本视角构建农户参与造林项目的行为决策，并据此推导农户的造林补贴诉求。

（一）研究假设

假设条件是一切科学理论和假设在研究方法上的根基，根据其在理论形成过程中的作用和性质，可以划分为初始条件、限界条件及辅助条件三大类（罗必良，2000）。本书的初始条件是农户为经济人，追求自身利益最大化；限界条件（即本书中对于变量范围进行限制的一些假设）为农户拥有的信息量是给定的，获得这些信息不需要支付成本；而辅助条件则比限界条件更为具体，一般指研究框架是环境条件的一些约束。关于辅助条件，这里主要是对一些不清楚的变量或者难以把握的变量提出假设，不考虑不重要的变量，主要关注关键性的变量（郑少红，2007）。

通俗地讲，农户的行为决策有两种，其中主要考量的是农户是否参与造林项目，只有在参与造林的前提下，才会进一步讨论合理轮伐期的决定问题。在本书中将两者进行捆绑，主要是为了方便研究，当然也是基于本书对于造林定义的界定（见第二章相关概念界定）。既然将造林及后期维护共同作为造林项目的内容，那么本书中的参与造林意味着林农会在种植树木的同时做好后期的维护管理（尤其是轮伐期的管理）。换一种说法，一旦造林，持续的森林覆盖是必须保证的（Thorsen，1998），这种状态必须持续到最优社会效益（经济效益与生态效益）的发挥为止，即如果造林者选择造林的土地利用形式，就必须把林地维护到本书所定义的最优轮伐期，才可以进行林产品的收获与出售。综上所述，对于造林者而言，无论是否考虑森林经营的碳吸存效益，其行为决策主要是确定最优的轮伐期（朱臻等，2013）。

1. 造林地的产权清晰

不同的组织形式，当其产权结构（制度安排）不同时，其隐含的激励与约束机制也不同，从而影响作为经济人的参与者的行为努力（生产性努力或分配性努力），进而导致经济组织的不同绩效（罗必良，2002）。明晰的产权是资源进行有效配置的重要基础，也是实现可持续发展的重要前提（陈祖海，2004）。Dolisca 等人（2006）通过研究得出以下观点：不明确和不安全的产权安排并不形成激励投资自然资源管理的措施，因为如果未来有可能失去自然资源的所有权，那么一个人不可能收集个人努力实现的期望收益的现金流量。正是对产权安全性缺乏信心，才导致许多村民不愿意造林（MOA，1996）。目前中国政府对于商品林实施采伐限额制度，农户不能够获得集体林改后自己经营林业的全部收益，这挫伤了农户投资造林和再造林的积极性（Liu，2001）。

虽然实际管理实践使得采伐限额制度日趋合理化、科学化，然而对于林农来说，由于其较弱的社会话语权及较低的社会地位，想要获得采伐指标，是一件非常困难的事情，这使得小规模的林农经营处于不利地位，而采伐指标大多被强势群体如造林大户、林业企业所垄断，进一步恶化了林农进行林业经营的外部环境（张春霞等，2008）。在四川省两个村子所进行的调研显示，农民在自家耕地上造林的积极性和造林行为，均优于在其他类型的土地上造林的积极性和造林行为（Du，1994）。这主要是因为：在中国，耕地的产权要比林地的产权更加清晰：首先承包期限明确；其次，也是更重要的一点，耕地上所生产的农产品，产权完全归农户所有，而林地上的林木是否完全归农户有待考证，并且即使农户可以采伐，也是有一定的限额规定的。政府补贴可以延长最优轮伐期和提高林农的林业投资（Zhang and Flick，2001），但是在政策不确定的前提下，此结论则不成立，相反会缩短最优轮伐期和降低林业投资（Zhang，2001）。因此，对于林农而言，本书假设农户具有完全的土地产权，当然包括完整的林权，这在集体林权制度改革以后的林区是相对合理的，而此假设则消除了造林补贴政策的不确定性。这样，在本书中考虑造林的机会成本时就可以忽略造林的实施导致产权不完整而带来的机会损失。[①] 另外，只有完整的产权的保证，才使得农户可以更加自由合理地利用自己的林地，而林地的合理利用实质就是实现其经济效益最大化。但也有研究表明，实施土地承包制后，农民对于承包土地上的林木处置完全根据个人的成本－收益决定，因为理性的农户进行生产决策时并不考虑林木所带来的生态价值（张吉国、胡继连，2003）。此外，这里还假定林农是自愿参与造林活动的，他们是

[①] 已有研究（郭普松、王建康，2008）认为退耕还林政策的实施，会导致农户土地承包经营权的损失，而这部分损失也应该纳入退耕还林补贴范围。

独立自由的决策主体，可以自由地决定其土地的用途（这里的土地用途是指可供农户自由选择的土地用途，主要受制于我国的土地用途管制制度），并且可以自由地进行土地用途的转换，而不受到其他人为因素或者政策的制约。

2. 造林者无资金约束

目前，缺乏资金、有限的融资渠道是阻碍我国私有林发展的重要因素。实际调研发现，强烈的融资需求和微弱的融资供给之间的矛盾是影响私有林发展的主要融资问题（张春霞等，2008），即资金这种重要的生产要素会对农户的造林活动产生约束（杨萍等，2013）。但本书为了分析的需要，假设农户的投资无资金约束，即农户只要愿意进行投资，就可以进行投资。或者说，农户的前期造林及后期维护的成本同样被假设为可以足额提供的。另外，根据已有研究（Paarsch and Rust，2004），假设采伐时所需的资源并没有受到任何资金约束。

3. 土地用途管制

《中华人民共和国土地管理法》（2004）规定我国实行土地用途管制制度，将土地用途划分为农用地、建设用地和未利用地三大类，并且严格限制农用地转化为建设用地。该法将农用地界定为直接用于农业生产的土地，包括耕地、林地、草地、农田水利用地、养殖水面等。农民承包的土地可以从事种植业、林业、畜牧业以及渔业生产。《中华人民共和国农村土地承包法》（2002）规定承包方即农户要维持土地的农业用途，不得用于非农建设，并且在土地承包经营权流转过程中，仍然不得改变土地的农业用途。《中华人民共和国农业法》（2002）中提及，发展农业和农村经济必须合理利用和保护土地、水、森林、草原、野生动植物等自然资源。国家实行全民义务植树制度，保护林地和林木，并且在天然森林保护区域实行禁伐或者限伐制度，加强造林护林。禁止毁林毁草开垦、烧山开垦以及开垦国家禁止开垦的陡坡地，已经开垦的应当逐步退耕还林、还草。

坡地因为土壤流失和侵蚀的缘故，不可以也不允许存在其他土地利用形式（Thorsen，1999），比如在中国的退耕还林工程中，坡度大于 25 度的地形，若用于植树造林以外的活动，势必会造成重要的生态环境问题，故退耕还林工程不允许存在其他形式的土地利用。在这样的地形条件下进行造林会比其他立地条件成本更高，但它能使社会受益（Thorsen，1999）。因此，这些土地的最优用途即林业用途，但实际中许多地方的农民因为生活习惯，仍然将一些生态脆弱区的土地用于农业生产，因此，本书中将土地的用途做了一个切合实际的假设——土地仅仅限制于农业用途，即种植业、林业以及牧业，而不能转变为非农业用途。这就在一定程度上制约了农户土地利用的选择范围。

4. 土地机会成本的界定

在研究加拿大安大略的造林项目（以杨树种植为例）时，Ramlal 等人（2009）综合考虑了市政生物固体处理、碳吸存以及木材收益，其研究模型中的造林活动净现值主要包括林木生长期内的以下成本与收益：污水处理厂或市政将生物固体置于林地进行生物处理代替垃圾填埋处理所节约的成本、采伐时木材的收益（或者立木价值）、生物能源价值、碳吸存效益、特征固体应用价值、农业用地的机会成本、造林及林业管理成本。模型中涉及将造林作为固体生物处理的一种战略，而固体生物处理主要是由市政或潜水处理厂承担，所以该造林净现值并非从土地所有者的视角出发，即便模型中包括了基于土地租金的农业机会成本。农地的机会成本可以用农地的租金来表示，主要反映土地利用类型由农业转换成林业的成本（McKenney et al.，2004；Yemshanov et al.，2005）。由于本书中也可以将造林定义为在较长时间内未被森林覆盖的土地上种植树木，因此造林是以农业生产为代价的（Ramlal et al.，2009）。因此，如果用农地造林，则造林的机会成本为农业生产的收益，如果用采伐迹地造林，则林地租金为造林的机会成本。

农地的机会成本建议用农地的租金来表示，主要反映土地利用类型由农业转换成林业的成本（McKenney et al.，2004；Yemshanov et al.，2005）。但考虑到我国农村的实际情况，农地租赁较少发生，即使有农地流动的情况，也大多是亲戚朋友代理经营管理，并不涉及租金的问题。可见，我国农村的农地租赁市场并未发育和形成，因此农地的租金很难确定，所以这里就将农地的耕种收入或者种草养殖收入作为其机会成本。当然也有许多学者认为退耕后造林（种草）会在很大程度上解放农村劳动力（郭普松、王建康，2008；王宝山等，2008），但根据现实情况来看，从事种植业、林业及畜牧业所消耗的劳动力不等，其中畜牧业和林业耗费的劳动力要大于种植业，并且种植业的农忙时期比较集中，对外出务工影响较小，因此，虽然从事种植业、林业或者畜牧业，农户家庭都或多或少有非农收入，但从事林业和畜牧业要比从事种植业耗费更多的劳动力，即从事种植业会有更多的劳动力转移到非农产业。因此，这里假设林业及畜牧业需要投入大量劳动力，只有农户选择以种植业作为土地用途时，其收益才包括非农收入。所以，本书研究土地不同用途的收益，也会考虑到因为不同用途所节约劳动的非农收入。

5. 自愿原则

在不违背土地承包合同的条件下，农户是有权选择土地的经营类型和经营方式的，但退耕还林政策是以政策的形式并通过利益诱导来引导农户将大量 25 度以上的坡耕地退耕还林，所以说如果农户参与退耕还林不是自愿的，就意味着退耕还林改变了原有耕地的使用权，使农户在短期内明显地减少土地的收益（曹世雄、高旺盛，2004）。因为林业是一项长期投资并且潜在收益当下无法预测的产业，所以说自愿原则是必需的。但如果自愿原则成立，则一旦农户发现补偿额度不能抵消退耕还林的损失，就有可能会毁林复垦，或者有可能补偿结束后选择不再参加造林项目，而是将土地用于其他更加有利可图的用途，所以自愿原则就使得政府要动态地去调整造林补贴，在不断的实践中去完善造林补贴机制，使农户选择造林成为最优的土地利用方式，以实现政策的最终目标。

6. 农户的偏好及其预期

土地所有者的偏好决定了其对森林的非消费性效益的估价（Karppinen，2000；Horne et al.，2004），如果土地所有者环境友好意识强烈，认为从森林所获得的生态效益价值非常高，则此时其只需要较低的补偿，就愿意参与自愿环境协议；反之，如果土地所有者并不重视环境效益，认为保持森林立木状态并不能给自己带来很大的效用，则其希望补偿资金能够补偿其从事造林活动所带来的所有损失。在这里为了研究的方便，并且综合了国内农户的一些特征，认为将农户对于环境的偏好定义为中性较合理。

农户预期政府给予的补贴会持续直到永远。通过扩大造林规模来提高森林碳汇功能的补贴，这种情况非常接近于政府永久补贴的极端情况（Thorsen，1998），虽然它并不是严格意义上的永久补贴。这样的农户预期假设，其实是降低了增加农户收益的一种风险性。但在实践操作中，政府一般会规定一定的补贴年限，有些林业项目甚至会有第一轮补贴、第二轮补贴等方式，这样的规定能够稳定农户的预期、减少风险，所以在这里做这样的假设是合理的。

7. 兼业农户

国内的许多研究表明，农村劳动力的非农业收入已经成为我国农户收入增长的重要推动力（孙文凯等，2007），并且从资源利用效率方面看，劳动力的非农业利用要明显好于劳动力的农业利用（史清华等，2001）。由于我国处于经济结构的转型时期，我国的农户将会面临更大的空间和更多的资源配置自由，尤其是如何使用和安排自己的劳动力以实现收入的最大化，因此兼业经营在很长的一段时间内仍然是我国农户实现收入增长的比较现实的选择（任旭峰、李晓平，2011）。目前，我国农民的收入大体上可以分为以下三大类：农业收入、外出务工收入以及政府财政补贴收入。

8. 造林成本

造林的成本通常包括种植成本、管理成本、采伐成本以及运输成本（Ramlal et al.，2009）。现在中国许多木材均由购买方到林木产地采购，所以对于农户而言，其运输成本较低，甚至有些种植大户运输成本由购买方全部承担。考虑到退耕还林过程中的农户兼顾植树种草和植被保护的双重任务（张吉国、胡继连，2003），因此，本书假设造林的成本主要涉及种植成本、管理成本及采伐成本，加之运输成本数据获取较为困难，遂将运输成本忽略不计。另外，本书中一个重要的成本，即违反造林项目规定的惩罚，如果违规行为存在，即参与了造林项目却不按照规定进行轮伐期管理，则会面临非常严重的惩罚，这里假定违规惩罚非常严重，严重到一旦农户参与造林，则按照规定进行轮伐期管理是其最优选择。换句话讲，农户要么不参与造林，要么一旦参与造林，就肯定按照政府的规定进行轮伐期管理。

（二）基于机会成本的农户土地利用模型

笔者根据以上的研究假设来构建农民的造林行为决策。作为理性的经济人，农户追求自身的效用最大化，而其效用只跟收益相关。为了方便问题的剖析，这里假设农户拥有单位面积土地，并且所有的农户土地都是匀质的，土地利用的决策为 d，根据已有研究（邓晓红、徐中民，2012），假设效用函数 $U(d)$ 是常用的冯·纽曼 - 摩根斯坦效用函数，即具有单调递增及二阶可导的属性。如果农户的土地利用偏好是中性的，则其效用应与其土地利用决策的净现值成正比例关系，即 $U(d) \propto NPV[CF(d)]$，此时农户追求效用最大化的目标 $\max\limits_{d \in S_d} U(d)$ 即可转化为追求最大化的决策净现值，即 $\max\limits_{d \in S_d} NPV[CF(d)]$。其中 U 表示农户的效用函数，S_d 表示农户的土地利用决策集合，$CF(d)$ 则为决策 d 的各项现金流量。

由于本书主要针对造林项目展开讨论，因此农户的土地利用决策集合 S_d，根据上述土地利用的假设，主要包括以下几种状态——从事种植业、从事畜牧业、从事林业（主要指造林），因此 $S_d = \{A, F, H\}$，其中 A 代表从事种植业生产，F 代表造林，H 代表从事畜牧业生产，农户可以根据外界环境以及自身意识的变化随时调整土地利用决策。

假设农户作出 n 个决策，其决策结果为 $D = \{d_1, d_2, d_3, \cdots, d_n\}$，决策结果只有三种，即 A、F、H。在每一个时期，农户的决策 d_t 总会受到上一时期的决策 d_{t-1} 的影响，因此用符号 $d_{t-1} \rightarrow d_t$ 表示农户基于上一期的决策 d_{t-1} 作出本期决策 d_t。由于农户对自己的土地拥有完全的产权，所以理性的农户在任何时点 t，都会选择使自己收益净现值最大化的决策 d_t。

假设在造林项目出台之前，农户仅仅从事种植业生产；对于参与造林项目，国家采取政策引导、农户自愿参与的原则；而对于农户是否愿意参与造林，抑或农户参与造林后是否会按照政策的规定进行后期的维护管理，并在规定的轮伐期到来之前不会砍伐林木，则需要相应的政策激励。基于这样的假设，土地现在用途为农业，即 $d_{t-1} = A$，则在 t 时刻农户同样面临三个选择 $d_t = \{A, F, H\}$，而农户只可能选择使其受益最大的决策，因此有必要将所有决策的收益进行对比，以方便农户选择。如果农户选择不参与造林项目，而是继续从事种植业经营，则他们会得到相应的种植业收益；如果农户选择发展舍饲畜牧业，则需要将耕地退掉，种植相应的具有饲草功能的植被，来作为养殖业的部分饲料来源，当然不足的部分则需通过资金以外购方式获得。这里假设农户也可以得到相应的造林（草）的补贴，虽然所种植林木（草）的主要目的是作为饲料来进行经营管理，其经营管理手段比较粗放，但由于种植饲草类植被比从事种植业的生态效益高，因而这里假设农户即使种植饲草类植被从事舍饲养殖也会得到相应的补偿是合理的，并且现在正在实施的退耕还林（草）工程也规定还草同样会获得补贴；如果农户选择造林，则在现有政策下，农户如果按照项目规定进行造林及抚育工作，会得到政府的补贴 $G_f(t)$，这里的规定主要包括要保证造林成活率，并按规定进行轮伐期管理，在轮伐期内不允许进行木材砍伐，只有在轮伐期管理结束后才可以处理林木，并进行下一轮的造林抚育工作，或者下一轮选择不参与造林项目。而如果违反规定，即在达到社会最优轮伐期之前提前转换土地用途，则须接受惩罚，这里假设该惩罚严重到农户会理性地按照规定继续维护造林成果，而不会随便变更自己的土地利用决策。所以基于机会成本的造林补贴标准研究，就涉及两个重要的问题，一是轮伐期的确定，二是造林补贴的确定。先以一个轮伐期为例展开，之后的轮伐期可以视为第一个轮伐期的无穷复制。基于机会成本的轮伐期的计算，由于农户参与造林项目并非像政府一样，以实现森林的生态效益为最终目标，而是以实现收入或者经济效益最大化为目标，即农户比较关心森林的长势（这直接关系到未来的木材收益）以及造林补贴的额度（现金补贴会直接增加收入，这属于转移性的收入），因此，在进行轮伐期管理时，农户更倾向于在森林的经济成熟期进行采伐。而森林的生物量积累越多，证明林木越趋向于经济成熟，在其生物量积累最多的时候进行采伐，其木材收益最大，故利用机会成本法从农户角度计算轮伐期，主要是以经济成熟期为标准进行核算。遵循该思路进行最优轮伐期的测算，测算原则为实现生物量的最大化，即 $\max f(t)$，这里的 $f(t)$ 是林木的生物量公式，通过求解其最大值，即可得到林木的最优轮伐期 T_1。确定好林木的轮伐期即确定了造林补贴的一个周期，接下来就可以讨论农户的行为决策。

在时点 t 农户决定造林的收益净现值如式（3-1）所示。

$$NPV(t|A \rightarrow F) = \int_{t}^{t+T_1} \frac{G_f(x)}{e^{r(x-t)}}dx + \int_{t}^{t+T_1} \frac{I(x)}{e^{r(x-t)}}dx$$

$$+ \frac{p(t+T_1)f(t+T_1) - C_H(t+T_1)}{e^{rT_1}} - \int_{t}^{t+T_1} \frac{C_M(x)}{e^{r(x-t)}}dx \qquad (3-1)$$

其中，$NPV(t|A \rightarrow F)$ 表示农户在时点 t 选择造林决策的净现值，$p(t)$ 为林龄为 t 时单位木材价格函数，$f(t)$ 为林龄为 t 时的收获函数，$I(x)$ 为林龄为 x 时的非木质林产品收入，$C_H(t)$ 表示在时点 t 的采伐成本，$C_M(x)$ 表示时点 x 的造林成本及维护费用。因此，农户决定造林的净收益包括以下内容：造林补贴、非木质林产品净收入、最优轮伐期时的木材净收入。由于林业是长周期的生产活动，并且在造林初期需要大量的劳动力投入，因此，造林决策的收益中并未包括非农收入部分是因为，如果参与造林项目，造林及后期持续不断的抚育及维护管理工作需要耗费大量劳动力，家庭基本上没有多余的劳动力可以外出务工。

如果农户在时点 t 选择从事种植业生产，即农户选择不参与造林项目，虽然需要从事种植业生产，但考虑到种植业生产的季节性及密集性，从事种植业生产的农户还是会有部分非农收入，因此如果农户不参与造林而是从事种植业生产，则其收益应该包括种植业收入及打工收入，此时土地用于种植业生产的收益净现值如式（3-2）所示。

$$NPV(t|A \rightarrow A) = \int_{t}^{t+T_1} \frac{R_A(x) + R_N(x)}{e^{r(x-t)}}dx \qquad (3-2)$$

其中 $R_A(x)$ 表示时点 t 上农户在土地上进行种植业生产所获

得的全部净收益，包括国家给予的各项农业现金补贴在内；R_N (x) 表示时点 t 上农户农闲时外出务工所获得的非农收入。

　　农户还有第三种选择——在农地上种植优质牧草，发展舍饲畜牧业。虽然舍饲养殖每天耗费的劳动力并不多，但是由于每天都需要有劳动力投入，因此，在土地用于养殖业时，不考虑外出务工收入，此时土地利用决策下的净现值如式（3-3）所示。

$$NPV(t|A \rightarrow H) = \int_t^{t+T_1} \frac{R_H(x)}{e^{r(x-t)}} \mathrm{d}x + \int_t^{t+T_1} \frac{G_f(x)}{e^{r(x-t)}} \mathrm{d}x \qquad (3-3)$$

　　此时，$R_H(x)$ 是农户进行种草养殖的净收入。

　　在本书中还要考虑一种极端的情况，即农户属于年轻的家庭，一家人均外出务工，将务工收入作为其主要收入来源，将土地撂荒或者将土地委托亲戚朋友代为经营管理，而土地的收益则由亲戚朋友所得。

　　此时，农户相当于放弃了土地的经营权，此时农户的收益净现值就比较简单，为式（3-4）。

$$NPV(t|A \rightarrow N) = \int_t^{t+T_1} \frac{R_N(x)}{e^{r(x-t)}} \mathrm{d}x \qquad (3-4)$$

　　但该类型的农户对于自己的土地如何利用并不关心，而真正关心这些土地用途的，是他们所委托经营的农户，所以在进行农户造林决策时，可以将此类型农户排除在外。在此前提下，如果政府想引导农户参与造林项目，那么政府就必须提供足够的补贴激励，使得农户参与造林的补助加上造林地的经济收益高于其他土地利用方式，且造林决策收益是最大的，此时造林项目才可以得到可持续发展。根据机会成本原理，只有农户的造林决策收益是最优的，农户才会积极参与造林项目，此时需满足下列条件，才能够实现政府鼓励农户造林的政策初衷，从另一个角度来讲，式（3-5）为政府引导下农户自愿参与造林项目的行为模型。

$$\max U(d) = NPV(d_{t-1} \to d_t)$$

$$\text{s. t. } NPV(_t | A \to F) > NPV(_t | A \to A)$$

$$NPV(_t | A \to F) > NPV(_t | A \to N) \qquad (3-5)$$

通过式（3-5）计算，即可得到基于机会成本视角的造林补贴标准。

同样的道理，如果政府想引导农户参与退耕还草，进而发展畜牧业，则需要满足的条件为：

$$\max U(d) = NPV(d_{t-1} \to d_t)$$

$$\text{s. t. } NPV(_t | A \to H) > NPV(_t | A \to A)$$

$$NPV(_t | A \to H) > NPV(_t | A \to N) \qquad (3-6)$$

由于本模型是基于土地的原来利用形式是坡耕地，因为坡地退耕还林的生态服务价值最高，远远高于平地退耕还林（李云驹等，2011）。有学者通过对湟源县山坡地退耕还林还草效果的分析，得到在坡地进行退耕还草的产出投入比是种小麦产出投入比的15倍，同时退耕还草单位劳动力所得是种植小麦单位劳动力所得的20多倍，因此，坡地退耕还林是双赢的选择，既提高了生产效率，也解放了劳动力（王宝山等，2008）。

综上，本书拟以退耕还林项目①为例进行实证模拟，其一，退耕还林也是将原来的耕地转变为林地的土地利用形式；其二，对于退耕还林项目，笔者所在项目组具有丰富的数据积累；其三，国家目前的补偿标准为农户退耕还林所导致的直接经济损失，忽略了其机会成本损失（郭普松、王建康，2008），但许多学者认为应将机会成本作为退耕还林补偿标准确定的依据（胡道连，2008），并且认为在机会成本法基础上辅以意愿调查法，有

————————

① 退耕还林项目指国家按照核定的退耕还林面积，在一定时期内向退耕还林参与者无偿提供适当的粮食补贴（后期全部折现发放）、种苗造林费用以及现金（生活费）补助（杨旭东、王聪，2003）。

利于确定更为合理的流域退耕还林生态补偿标准（李云驹等，2011）。本书也尝试在采用机会成本法测算的造林补贴标准的基础上，通过受偿意愿调查法去辅助确定最合理的造林补贴标准。

因此，针对陕西省吴起县的退耕还林项目，从机会成本视角研究其补贴标准是有意义的。

三　利用机会成本法测算农户
退耕还林补贴诉求

吴起县位于陕西省延安市西北部，是全国退耕还林示范县，该县退耕还林以生态林为主（赖亚飞等，2006），因此针对该县展开研究具有典型意义。全县辖 6 个镇、3 个乡、1 个街道办、3 个中心社区，土地总面积 3791.5 平方公里，总人口 13.6 万人，其中农业人口 10.8 万人。地貌由"八川两涧两大山区"构成，属于黄土高原梁状丘陵沟壑区，生态环境恶劣且属于贫困县，但境内有丰富的自然资源，地域广阔，具有较大潜力发展林牧业。从长远发展来看，山区的发展必须依靠林业的开发与建设，才能给当地居民带来长期而稳定的收入（高圭等，2003；田志会等，2006）。

在退耕还林之前，吴起县的农民以传统的种植业为主导的农业生产模式，而在退耕还林（草）工程实施以后，参与农户不得不改变原有的农业生产方式。退耕还林（草）后，陕西省吴起县的农户主要有以下几种农业生产模式——林－草－牧（舍饲养羊）、林－药、经济林、生态林及大棚蔬菜（罗萌、李桂显，2010），种植业则作为辅助产业（秦艳红、康慕谊，2011）。然而无论是哪一种农业生产模式，在气候条件恶劣的陕西省吴起县，大型乔木种植较少，耐旱品种的灌木和草木种植较多，其中沙棘是一种雌雄异株的小乔木或灌木，生长迅速，造林 3 年后可基本郁闭成林（赖亚飞等，2006），具有抗风沙、保持水土、改良土壤的作用，是水土流失区比较典型的兼有薪材价值的多种用途树种（王晗生，1996）。各植被类型中以沙棘等灌木树种的总服务价值为最大（杜英等，2008），因此它被作为退耕还林的先锋树种，并且实际操作中，吴起县主要的造林树种也是沙棘等灌木（赖亚飞等，2006），本书就选取陕北种植的沙棘为例展开实证模拟。

（一）沙棘的生长函数及最优轮伐期的确定

沙棘人工林适宜生长在梁坡台地上，其生物量主要积累在茎和枝上，根部和叶子所积累的生物量远远低于枝茎部（宋西德等，1991），即沙棘的生物量主要体现在地上部分，地下部分的比重较低，所以在研究沙棘的生物量积累时是可以忽略地下部分的，但这并不意味着研究其他树种的生物量时也可以忽略地下部分的生物量积累，要根据具体树种的具体情况而定。但是沙棘生物量在地上部分的积累和地下部分的积累是成正比例关系的，即地上积累的生物量越多，相应的地下部分的生物量也会越多。

关于沙棘人工林生物量的研究有许多，大多集中在黄土高原地区，例如宋西德等（1991）针对渭北黄土高原地区中部的沙棘人工林进行研究，针对不同立地条件及不同造林方式下的沙棘人工林，研究其生物量，得到沙棘不同部分所积累的生物量之间的关系及变化规律，并最终确定了沙棘人工造林的最优立地条件及最优造林方式。陈进福（1992）在研究中国沙棘结实特征及其规律时，通过实地研究，得到了林龄对于沙棘地上生物量的影响，并给出了表达两者之间关系的方程。利用收获法及回归分析法，李子敬等（2008）对铁尾矿区的沙棘生物量及生产力进行研究，得到了沙棘的生长模型，并认为沙棘林在铁尾矿区生长状况良好，适合用于矿区的生态环境治理。阮成江和李代琼（1999）利用主成分分析法及多元回归方法，根据沙棘生长因子与其地上部分积累生物量之间的关系，依据优选原则，以安塞县为例，确定出最优的沙棘林地上部分生物量估计模型。尽管该模型的可信度在95%以上，但是与实际无破坏性测量相比，仍然存在误差，因此阮成江和李代琼（2001）又采用收获法测定了安塞地区沙棘人工林的地上部分生物量，并分析了地上部分生物量的动态变化，其研究成果为沙棘人工林的营造、维护管理及林分改造提供了理论依据及实践指导。考虑到吴起与安塞均为延安市下属的典型生态脆弱县城，并且两个县均实施了许多林业生态工程，以保证区域的生态安全，加之两个县处于同纬度，同为黄土高原丘陵地区，所以在本书中我们参考阮成江和李代琼（2001）的研究成果，将沙棘的生物量公式定义为式（3－7）。

$$f(t) = \frac{6.8925}{1 + 23.5565 e^{-0.329t}} \qquad (3-7)$$

沙棘因生物产量高和热值大而具有较高的薪材价值，1.3吨沙棘相当于1.0吨甘肃安口原煤（胡建忠、王愿昌，1994）。通过对陕西省吴起县的调研可知，沙棘林成熟后并非以成品木进行出售获得收益，而是主要满足家庭的能源所需，因此从该视角出发考虑其应属于薪炭材。生物量是衡量薪炭林草作为能源燃料性能的最主要指标（王晗生，1996），因此在确定沙棘的最优轮伐期时以其生物量最大为主要标准[①]，而林分生产力达到最高的标

---

① 森林轮伐期确定的依据会因经营林种和经营目标的不同而不同。自然成熟反映的是林木的自然寿命；更新成熟说明了林木自然增值的最有利时期；工艺成熟体现了经营的主要目标，即在最短时期内培育出量多质优的、符合需求的木材；数量成熟是以充分利用林地生产力为宗旨；防护成熟表明森林有益效能发挥作用的最适宜时期；经济成熟是从经济收益的角度去考虑的，以经济林即特用经济林成熟时除木材、竹材以外的其他林副产品收益最大为目标。但无论哪种方法，确定森林经营轮伐期的基础就是林分的成熟龄，除此之外，林木的生产率（生长量）也会对林分的经营轮伐期产生影响（刘明志，2011），例如本书中的沙棘林属于生态林种，但达到成熟期之后，采伐的沙棘林主要用于解决农村的能源问题，即沙棘生态林其实是薪炭林，故沙棘的采伐应该达到其生长量的最高值，即以数量成熟为轮伐期确定依据。

志是林分的数量成熟，即林分平均生长量达到最高值时的林分年龄，即 $\max f(t)$。对于该最优解，这里只需要简单地计算 $f(t)$ 的一阶导函数，令其一阶导函数 $f'(t) = 0$，即可得到最优的轮伐期，通过相关计算得到 $T^* = 21$。这个结果是合理的，因为已有研究（陈进福，1992）表明，沙棘在大约 20 年后，地上部分的生物量逐渐呈现下降趋势。本章的研究表明，沙棘的自然最优轮伐期为 21 年，这说明在陕西吴起县境内的沙棘林，到第 21 年时生物量不再增加，即沙棘林从生物量增长角度来看，已经达到成熟期，若继续经营，其生产力会随之下降，就需要对其进行采伐以及更新，从而进入下一个轮伐期的管理。

（二）沙棘的价格函数

林木的价格则主要取决于其用途，我国森林法按森林的用途将森林划分为五种主要类型：防护林、经济林、用材林、薪炭林及特种用途林。如果林木属于经济林，则依托林木所获得的林产品（或者称非木质林产品）通过市场交易所获得的价格，即相应的林产品的价格。如果林木属于用材林，则未来是以木材出材量作为其价值的衡量标准，此时林木的价格则以市场上木材的价格作为其价格。如果林木属于薪炭林，则其价值以林木最终所实现的热量来表示，在国内的许多研究中均以木材所能实现的标准原煤所发挥的热量来进行折算，因此可以通过同样热量值的原煤的价格进行折算，进而得到林木作为薪炭林的价格。如果林木是主要起防护作用的防护林或者有其他特殊功能的特种用途林，则林木并非用于经济用途，所以对于此两种类型的林木并不考虑其经济价值。

对于本书中的沙棘林而言，其作为一种灌木，用材林的功能是被弱化的，主要功能并非一种，而是集多种功能于一体，既是经济林又是薪炭林，其发挥经济林效用所获得的收益，在下面讨论非木质林产品部分展开具体讨论，而在此小节仅仅关注其薪炭林的功能。关于沙棘的价格函数，考虑到其在最终收获时主要用作家庭生活能源，即其采伐收获后主要功能是提供生活能源，因此这里采用其可替代的原煤价格来表示。相关研究表明，沙棘因其热值大而具有较高的薪材价值，1.3 吨沙棘相当于 1.0 吨甘肃安口原煤（胡建忠、王愿昌，1994）。而根据 1995～2005 年国有重点煤矿原煤平均成本，原煤价格设定为 126.95 元/吨，由此推出沙棘木材的价格为 97.66 元/吨，由于已有文献中并没有找到相关沙棘密度的数据，同时考虑到所有木材的密度差异较小，故将木材平均密度 0.54g/cm³ 作为沙棘的密度数据，由此可推算出沙棘的价格也可转化为 52.74 元/立方米，具体采用哪个价格主要取决于木材测量的标准，是按质量还是按体积。在本书中，生长函数的单位主要是用单位面积的重量单位来表示，即克每平方米，而最终本书希望得到单位面积的木材产量，所以沙棘的价格在这里主要采用单位重量的价格，即 97.66 元/吨。

（三）沙棘非木质林产品的收益

沙棘的非木质林产品主要是指沙棘叶与沙棘果，因沙棘具有药用价值，因此市场上有专门收购沙棘叶和沙棘果进行深加工的厂商。其中沙棘果主要由雌树提供，而沙棘叶则主要由雄树提供。[①] 研究表明，黄土高原半干旱地区退耕还林或其他生态建设中，沙棘林分稳定密度为 1445 株（丛）/公顷，初始栽植密度宜为 2223 株（丛）/公顷（吴宗凯等，2009），这与国家林业局关于退耕还林工程人工造林的初植密度标准相符合，其中沙棘的初植密度为 1650～3300 株（丛）/公顷。沙棘属于雌雄异株，其雌雄株种植比例以 3:1 或 4:1 为宜（孔庆杰，1985），据此可知，陕

---

① 叶用型沙棘主要是指沙棘的雄树。

西省吴起县沙棘林稳定密度中，雌树密度为 1084～1156 株（丛）/公顷，取其平均值为 1120 株（丛）/公顷，而雄树的密度为 289～361 株（丛）/公顷，取其平均值为 325 株（丛）/公顷。根据已有研究，雄沙棘单株的鲜叶产量为 4.47 公斤/株（金争平等，2005），这样新鲜沙棘叶单位面积产量为 1452.75 公斤/公顷。沙棘的结实规律一般可总结为：前两年为营养生长期，第 3～5 年为初果期，6～16 年为沙棘的盛果期，之后即进入衰果期（陈进福，1992）。考虑到该规律是根据青海省的实地种植数据得到的，而陕西省与青海省相比，其地理位置及气候条件均有所差异，尤其两省海拔的差异会对沙棘生长产生重要影响，加之陕西省吴起县作为退耕还林示范县，其种植的沙棘树种均为政府统一采购的优良品种大沙棘，因此其生长规律稍有不同，但整体还是遵循低—高—平稳—低的 S 形曲线生产趋势。具体地说，陕西省种植的沙棘一般在第 3 年起可以开始采摘树叶，第 4 年就开始采果（闫培华，2003；胡建彬，2007；高弘梅，2013），5 年后可进入盛产期，盛产期为 15～20 年。根据已有研究（陈进福，1992），以单株沙棘为例进行样本的统计分析，得到树龄与沙棘产果量之间的关系，可以描述如式（3－8）所示。

$$Q_f(t) = \frac{1}{0.246973 + 1444.865117e^{-t}} \qquad (3-8)$$

通过求解式（3－8），可以得到沙棘林在盛产期，一棵雌树可生产新鲜的沙棘果 4.1 公斤，而在常永平（2008）的研究中，该数值为 4.4 公斤，在本书中取值为 4.4 公斤，这主要是由于陈进福（1992）的研究主要是以青海省为例，而常永平（2008）的研究则以陕西省榆林市榆阳区为例，与本书的案例县地域上更为接近，其海拔及气候等自然条件也更加相似一些。确定了单株的沙棘果产量之后，就需要确定单位面积沙棘的株数，由株数乘以单株产量，即得到单位面积沙棘果的产量。陕西省吴起县沙棘林雌树的种植密度为 1120 株（丛）/公顷，据此推断沙棘果盛产期的单位面积产量为 4928 公斤/公顷。根据调研中的情况，本书将陕西省吴起县沙棘果的价格定为 2.6 元/公斤，沙棘叶的价格为 1元/公斤。由此可知，沙棘进入盛产期后的收入（包括沙棘叶收入和沙棘果收入）大概为 14265.55 元/（公顷·年）。考虑到沙棘树在第 15 年时结束盛果期，因此，在本书中假设从第 15 年起，沙棘林只有沙棘叶产出而无沙棘果产出。沙棘种植的成本收益信息一览见表 3－1。

表 3－1 沙棘种植的成本收益信息一览

单位：元/（公顷·年）

轮伐期	收益项目	收益	成本项目①	成本
第 1～2 年	未挂果	0	打药、除草、施肥②	1791.5
第 3 年	可以采叶	1452.75	除草、施肥	1611.5
第 4～15 年	同时采叶、采果	$1452.75 + R_N(t)$	施肥	300
第 16～21 年	采叶	1452.75	施肥	300

注：根据调研数据整理所得。

（四）沙棘的种植、维护及采伐成本

退耕还林营造的主要是生态林，其发挥的主要是生态效益，但其建设也是需要生产成本的，如劳动投入、退耕的机会成本、种苗成本、维护成本等，这些都需要进行补偿才能保证林木生态效益的正常发挥。否则，农户没有造林的积极性，更不用讲发挥

---

① 在成本项目里并未考虑采摘沙棘叶和沙棘果的成本，这主要是由于从调查中发现所有农户的采摘工作均是自己投工投劳，并未雇用劳动力进行采摘。所以，在本书中，对于未形成实际现金支出的部分，并未计入成本信息。

② 这里的除草、施肥除购买肥料外，还需要大量投工投劳，尤其造林初期投工更多，这里的数据主要是依据在吴起县的实地调研。其中投工情况为人工除草 1工/亩、施肥 0.25 工/亩、打药 0.15 工/亩，人工投劳就按 80 元/工；而施用肥料的情况为氮肥 5 元/公斤、复合肥料 3 元/公斤。

生态林的经济效益。沙棘作为吴起县的造林先锋树种，集多种功能为一身，可以视其为防护林、薪炭林、经济林和放牧林（星照华等，2001）。从造林技术上讲，沙棘既可以直播造林，也可以进行植苗造林，一般是自然条件（尤其是水土条件）优良的地区才可以进行直播造林，而对于自然条件恶劣的地区则需进行植苗造林（胡建彬，2007）。陕西省吴起县处于黄土高原地区，属于水土条件差的地区。因此，吴起县的沙棘种植主要采用植苗造林方式，在造林前需做好整地及蓄水保墒等一系列工作，而造林完成之后，仍然需要对所造沙棘幼苗进行维护管理，以提高其存活率。因此，造沙棘林的实际成本是一个完整的轮伐期发生的全部培育费用及管护费用，由于涉及多个年份，因此就涉及时间价值因素（方秋九，1995），实质是利率水平的高低，也就是资金使用的成本，利率越高说明资金使用的成本越高，反之，资金使用的成本越低（黄和亮等，2007）。因此，利率水平的选择会直接影响资金使用的成本，本书则直接参考已有退耕还林补贴标准研究中所使用的利率水平 4%（于金娜、姚顺波，2012）。也有研究将研究区域工程造林费用的标准作为退耕还林土地营林费用（叶伟，2009），但考虑到工程造林具有规模效益，而退耕还林则大多属于农户个体的行为，故在本书中以调研数据结合已有研究成果来核算造林的成本。沙棘幼林期间，每年都要对其进行除草管护（高弘梅，2013），全年除草松土 6～7 次，以保持土壤疏松无杂草（李忠有等，2010），因为杂草丛生会严重妨碍幼苗的生长，造林三年后沙棘林则不需要进行除草（阎海涛、严伟杰，2007）；另外，每年需施肥两次，于 6～7 月份施氮肥一次，施用量为每亩 15～20 公斤，8 月份可施复合肥一次，施用量为每亩 6～10 公斤（唐彦，2010）。而在沙棘林郁闭之后，就没有除草的必要，只需要施肥保证沙棘果和沙棘叶的产量即可。有研究表明，单株扦插苗木的成本为 0.06 元，借鉴此成果，假设扦插育苗的成本就是农户购买树苗的成本，考虑到沙棘的实植密度为 2223 株（丛）/公顷，即购买树苗的单位面积成本为 133.38 元/公顷，而在实际的退耕还林过程中，实际的购买树苗的补贴为 750 元/公顷，一次性于造林初期支付，可见实际支付的树苗费用是远远高出扦插育苗的成本的。由于政府为树苗费用直接买单，因此如果可以保证沙棘成活率，在不需要次年或者之后几年补植的前提下，这里的成本将不考虑树苗费用，因为参与退耕农户实际上并未支出此部分费用。而达到沙棘轮伐期后，采伐作业则主要涉及劳动力支出，因此将采伐沙棘的投劳按一定的人工价值进行折算，即可得到沙棘在最优轮伐期时的采伐成本。由于沙棘采伐后用作农户家庭能源原料，故其采伐作业不需要像采伐乔木一样，严格遵守采伐作业规范，因而不需要专业的伐木工人，农户自己便可以实现伐木目的。根据调研的情况，按人工费用为 80 元/工，则沙棘的采伐成本大约为 482 元/公顷。

（五）舍饲养羊的收益与成本

据项目组调查研究可知，在陕西省吴起县退耕还林项目实施以前，农户的家庭养殖以放养为主，其放养成本较低，只需早上将家禽和家畜驱赶至房前屋后的空地、自留地或者生产队公有土地上，晚上将其再次赶回家即可。这属于典型的粗放的放养模式，也是陕北山区的典型特征。由于存在大部分的公有土地，大部分农户均选择将自家的畜禽放养在公有土地上，以节约自家的资源，而放养进行畜禽生产的成果，即畜禽产品归农户私人所有，所以在退耕还林项目实施之前的陕北，这是一种司空见惯的养殖模式。通过项目组的调研可知，吴起县农户退耕前，百分之百的家庭均养殖有鸡，主要是为了保证生活中的鸡蛋消费所需；另外，高达 95% 的家庭主要的养殖畜种是羊，其余家庭则是进行零星的散养，主要种类包括牛、猪、兔等。调查中也发现超过

90%的家庭养羊是为了到市场上进行交易，以获得经济效益，增加家庭收入。其中，大部分的农户属于买种羊进行繁育，依靠贩卖小羊羔获得经济利益，也有极个别农户以养殖生产羊毛的羊为主，靠出售羊毛来获得经济利益。但是粗放地进行放养家畜、家禽在冬天会遇到一些生产上的障碍，因为北方冬天的气候特征决定了，在陕北地区除去四季常青的林木外，大部分的青草会枯萎、树木会凋零，因此农户除了在春、夏、秋、季节放养外，还需要在秋季储备许多饲料，以备整个冬季的饲养活动顺利进行。实际调研也验证了该种做法，调研中大部分农户（主要指养殖有大畜禽的农户）仍然反映即使储备饲料，也不能满足畜禽生产所需，农户还需要将自产的玉米等杂粮用于家庭养殖。但退耕还林项目实施以后，在陕北鼓励大家退耕还林还草，并且倡议封山育林，这就使得粗放饲养家畜家禽逐步转向舍饲饲养，即通过种植林草，将其作为饲料的主要来源进行家畜家禽的养殖。研究表明，薪炭林发展以林草间作及农地薪炭林草植被建设最为突出，以灌草间作为最优（王晗生，1996）。沙棘作为薪炭林的一种，也可采用农地薪炭林草间作发展模式。我国提倡的退耕还林工程就属于农地造林草的一种典型形式，而本书中进行实证模拟的也恰好是退耕还林项目。以沙棘种植为例，沙棘种植可以采用林草间作模式 [（薪炭林除提供薪材外，还应兼有其他多种用途（王晗生，1996）]，例如沙棘由于其自身富含多种养分而可以作为一种饲料，在技术操作中可以砍伐利用或采摘嫩枝及叶片，薪炭林可兼得饲料，这样可以大力发展养殖业。沙棘嫩枝叶的饲用价值很高，是草场建设的优良植物，根据研究测定，5年龄沙棘林平均每亩可提供干饲草100公斤，亩产值20元。养殖业本身就存在一定的天然风险，再加上市场风险，从事养殖业的农户，从养殖中获得的年经济收益会呈现浮动的态势（邓晓红、徐中民，2012）。因此，在计算养殖业收益时取年度平均值作为收益值更具有合理性。结合已有研究（秦艳红、康慕谊，2011），在本书中将舍饲养羊的年均净收益确定为2173.99元。

（六）种植业及打工收益

对于陕西省吴起县农民来讲，退耕还林之后，种植业收入可以分为两个阶段，从1998年至2004年，种植业收入是种植农作物的纯收入，即扣除农业税的收入。陕西省政府自2004年开始试点实施免除农业特产税，而从2005年起全面实施零农业税率（赵娜，2006）。但是革命老区延安市则从2004年起全面取消农业税（曹晖，2004），吴起县隶属于延安市，因此2004年之后，吴起县的种植业纯收入则无须扣除农业税。同时，2004年陕西省对农业开始实施粮食直补、农作物良种补贴，并且2005年开始实施农机具购置补贴，从2006年起为减轻农资涨价所导致的农户种植业成本负担，陕西省对关中地区、陕南地区及陕北地区实行三种差别化的补贴标准，其中以陕北地区补贴标准最低，并且以上凡是以现金形式支付给农户的补贴，均纳入财政惠农补贴资金"一卡（折）通"的存折发放范围。因此，以上农业惠农政策属于财政转移支付，应该直接计为农户种植业的收入，并且通过惠农"一卡（折）通"发放给农户，也避免了中间各级地方政府的克扣，保证该部分资金可以完整地归农户支配使用。从陕西省财政厅获悉，陕西省粮食直补的标准如下：2004~2006年在实施的32个县中一县一标准，2007年新增的32个县直补标准为8元/亩，而第一批的32个县标准低于8元/亩的提高至8元/亩，超过8元/亩的，则按原标准执行。陕西省农机具购置补贴标准如下：原则上是按照不超过农机具价格的30%进行补贴，单台补贴标准不超过5万元，100马力（1马力合735瓦）以上的补贴可提高到12万元，200马力以上的补贴可适当提高到20万元。农资综合补贴标准如下：2006年关中地区综合补贴标准为7.3

元/亩，陕南地区补贴标准为 6 元/亩，陕北地区的补贴标准为 3
元/亩，全省平均综合补贴标准为 6 元/亩；到 2007 年三个地区的
补贴标准均有所提高，关中地区为 17 元/亩，陕南地区为 15 元/
亩，陕北地区为 10 元/亩，全省平均补贴标准为 15 元/亩；2008
年农业综合补贴标准再次提高，关中地区为 49 元/亩，陕南地区
为 45 元/亩，陕北地区为 35 元/亩，全省平均标准为 43 元/亩。
陕西省 2004 年开始对小麦实施良种补贴，补贴标准为 3 元/亩，
一直到 2007 年该标准才提高到 6 元/亩，2008 年该标准又提高到
了 10 元/亩。从 2005 年起对地膜玉米进行补贴，补贴标准为 10
元/亩；从 2008 年起国家对陕西省的玉米和水稻开始进行补贴，
补贴标准为玉米 10 元/亩、水稻 15 元/亩。因此，现行的农作物
良种补贴标准为：小麦、玉米、油菜 10 元/亩，水稻、棉花 15
元/亩。而在项目组所进行的调研中，对于农户的粮食直补、农
资补贴、良种补贴以及农机具补贴均进行了数据的统计，并以农
户惠农一卡（折）通的数据为准进行问卷登记。通过调研数据可
以清楚地看到，农户在农业生产的投资中，以农机具的购买最
少，因为吴起县超过 95% 的农户并未享受农机具补贴的优惠，并
非政策上无此优惠，而是由于这些农户并未购置相应的农机具，
因此无享受该补贴优惠的资格。调研样本农户百分之百享受了粮
食直补、农资补贴及良种补贴，在此以农资综合补贴来表示以上
三种补贴的总额。在本书中，农业综合补贴是通过计算得到的，
将调研中所有农户享受的粮食直补、农资补贴及良种补贴的总和，
除以调研所有农户的实际耕地面积总和，即得到本书中所定义的农
业综合补贴额度。通过对项目调研数据的计算，可以得到陕西省吴
起县的农业综合补贴为 81 元/亩。已有研究（于金娜、姚顺波，
2012）中退耕地的净收益为 270.72 元/公顷，此时，便可得到退耕
地用于种植业生产的净收益为 1485.72 元/公顷，在本书中，将该
收益作为边际农地的种植业收入。

在实施退耕还林（草）项目之前，无论是种植业还是养殖业，吴起县农户基本属于广种薄收型的农业生产模式。养殖业基本属于放牧型经营，而由于土地面积大而土地质量差，因此从事种植业农户劳动力基本整年都在从事农业劳动，在退耕还林项目实施之前基本无劳动力外出务工。而退耕还林项目实施之后，该情况得到极大改观，许多农户青壮年劳动力外出务工，并且务工收入成为家庭的主要收入来源。这一方面是因为退耕还林项目将许多劣质的边际农地转换成林地，而农户剩余的耕地均为平坦且质地优良的、适宜进行农作物精细化经营的土地，这样会解放一部分劳动力；另一方面，项目的实施也引导农户进行劳动力转移，使农户的家庭收入来源结构更加多样化、更加合理化，以保证农户生计的安全性。因此，退耕还林项目实施会促使农户青壮年劳动力外出务工。通过对陕西省吴起县的调研，参与退耕还林项目以后，89%的农户均有外出务工收入，而其余11%的农户，除去特殊家庭（鳏寡孤独的家庭、五保户等类似的家庭，即农户只剩下老年人而无青壮年劳动力）外，剩下的家庭的青壮年劳动力，在本村里有兼职工作或者在本村的厂矿工作（这部分收入未纳入外出务工收入，是因为其食宿均在家庭内消费，并且其工作地在村内，不会影响农业劳动和农业生产的开展，因此该部分收入属于工资性收入），最终通过对数据的初步整理分析得到，农户农闲时非农业收入的平均水平为8000元/年。

（七）造林补贴标准的确定及敏感性分析

1. 补贴标准的确定

通过求解式子（3-5），可以得到 $G_f(t) > 2404.62$ 元/（公顷·年），此时，农户会自愿参与到退耕还林行列，而通过求解式子（3-6），可以得到 $G_f(t) > 2260.55$ 元/（公顷·年），此时农户会选择退耕还草发展畜牧业。根据数学常识，某一参数同时大于两个数值，则取大数为其临界值，由于 2404.62 大于 2260.55，因此 $G_f(t)$ 取 2405 元/（公顷·年）。另外，从农户视角出发，考虑其经济收益的最优轮伐期 $T_1 = 21$。因此，如果政府将补贴额度定为 2405 元，并且一直补偿到第 21 年（因为所种植沙棘的最优轮伐期为 21 年），此时按照本书的假设框架，农户会自愿参与到退耕还林（草）的行列。

通过此结果，可以很容易地看出，政府如果鼓励农户退耕还草的话，会比退耕还林节约一部分财政支出，因为退耕还草发展畜牧业会比退耕还生态林的补偿标准低一些，但两者的差距较小。前者之所以低于后者，可能是因为退耕还草发展畜牧业，会将造林的预期收益在较短时间内通过畜禽转化为现实的经济收入，减少获得未来林业收益的不确定性，因为对于农户或者造林者而言，短周期的生产经营活动，其风险性总会小于长周期的生产经营活动。而退耕还草发展畜牧业，会将长周期林业生产间接转移到较短周期的畜牧业经营上，因为退耕还草也可以为畜牧业的发展提供最重要的原料。所以对于农户而言，选择畜牧业会比选择林业风险更低一些。

2. 补贴标准的敏感性分析

敏感性分析主要用于检测模型中参数对于经济产出的相对影响。通过敏感性分析，可以检验不确定性出现时模型的稳健性。通常，这个过程是指在多变量模型的实证模拟中，通过固定比例调整模型中的某一参数，然后去观察这一调整或改变对于目标产出变量的影响（Henderson-Sellers and Henderson-Sellers，1996；Swartzman and Kaluzny，1987）。一次只改变一个参数，其他参数则保持不变（Ramlal et al.，2009）。因为一般情况下，模型中的部分或者全部的自变量经常受不确定性影响，包括测量性误差、信息缺失、对于驱动力和机制的理解不完全。这种不确定性会导致研究中构建的模型的置信度受到限制；另外，模型不得不应对系统的自然属性变动，例如随机事件的发生。但是科学的模型构建均需要一个模型的置信度检验过程。

有许多方法可以用于进行敏感性分析，比较常用的方法有单因素分析法（OAT/OFAT）、局部方法（Local Method）、散点图（Scatter Plots）、回归分析（Regression Analysis）、方差法（Variance-based Methods）和筛选法（Screening）。而在研究中如何选择恰当的方法进行敏感性分析是有相应的规定的，主要是考虑研究情境及约束条件。无论采用何种方法来进行敏感性分析，都必须首先搞清楚以下几个共同的问题：确定具有不确定性的投入变量；识别模型需要分析的产出变量；测算产出变量对不确定的投入变量的敏感度。

本书中，我们使用一个修正后的弧弹性去测量一个变量变动所引起的另外一个变量的反应程度（Silberberg，1990）。弧弹性是用因变量（产出）的变动量除以自变量（投入）的变动量。

$$w = \left| \frac{\Delta Y Q}{\Delta Q Y} \right| \qquad (3-9)$$

其中，Y 是不改变投入参数前提下的产出变量（基准），ΔY 是相对于基准产出，在参数发生变化之后的相对产出变化量，Q 是基准情况下的某一参数值，ΔQ 是相对于基准的参数值的变化量。弧弹性越大，说明产出对于投入的变化越敏感；反之，弧弹性越小，则说明产出对于投入的变化越不敏感。

因为在研究中折现率取值为 4%，但在实际中利率水平是会有所浮动的，因此，为了检验研究结果的稳健性，本书展开了针对不同折现率的补贴标准敏感性分析，为了清楚地展示补贴标准对于折现率的敏感性，同时也辅以散点图来展示农户补贴诉求对折现率的敏感程度，结果见表 3-2。

通过表 3-2 可以清楚地看出，当折现率变化在 ［-40%，+40%］ 范围时，基于机会成本法的造林补贴标准浮动范围在

表 3 - 2　基于折现率的敏感性分析

折现率的浮动	2.4%（−40%）	2.8%（−30%）	3.2%（−20%）	3.4%（−15%）	3.6%（−10%）	4%	4.4%（+10%）	4.6%（+15%）	4.8%（+20%）	5.2%（+30%）	5.6%（+40%）
G_f	2970.93	2803.05	2655.10	2590.63	2527.41	2404.63	2286.60	2229.34	2173.22	2064.36	1959.91
$Ro(G_f)$	2971	2803	2655	2591	2527	2405	2287	2229	2173	2064	1960
ΔG_f	+23.55%	+16.57%	+10.42%	+7.74%	+5.11%	0	−4.91%	−7.29%	−9.62%	−14.15%	−18.49%
w	0.59	0.55	0.52	0.52	0.51	—	0.49	0.49	0.48	0.47	0.46

注：①保留两位小数时的造林补贴标准。

②根据四舍五入法得到的造林补贴标准。

③与基准水平相比，在折现率发生变化后，造林补贴标准的变动率。

［＋23.55％，－18.49％］，并且该范围内的补贴标准相对于折现率的弧弹性均小于0.6，从经济学的常识出发，当弹性系数等于1时为单元弹性，而当弹性系数小于1时，则为缺乏弹性。在本书中，弧弹性系数小于1，因此可以得出结论：基于机会成本的最优造林补贴对于折现率是缺乏弹性的，或者说补贴标准相对于折现率的变化敏感性小。为了更加清楚地表达造林补贴与折现率的关系，本书分别计算了当折现率从1％到10％进行变化时，相对应的基于机会成本视角的造林补贴标准的变化率，并用散点图的形式来表示，如图3－1所示。

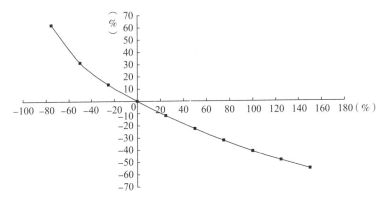

图3－1　折现率变化对补贴标准的影响

由图3－1可以清楚地看到，基于机会成本的造林补贴标准与折现率之间呈现明显的负相关关系。综上所述，当折现率提高时（也相当于提高资金的使用价格时），会相应地降低基于机会成本的造林补贴标准，但造林补贴相对于折现率的敏感性差，因此本节所得到的基于机会成本的造林补贴标准具有稳定性，可信度高。

四　小结

本章主要是利用机会成本的概念，从主观的角度来测算一种补贴标准，可以保证农户积极参与造林项目，而此标准必须起到这样的作用，即可以使得造林的总收益至少等于造林的机会成本，这样才能保证造林所带来的收益是土地所有非工业用途中最大的，这样发放的补贴才可以引导农民参与造林项目。基于此思路，本章以陕西省吴起县退耕还林（种沙棘）为例，测算了造林的补贴标准为 2405 元/（公顷·年），共计补贴 21 年，用公式表示为：$G_f(t) = 2405$ 元/（公顷·年），$T_1 = 21$。

第四章 ▶

基于受偿意愿的农户造林补贴诉求

对于造林形成的生态服务（本书主要指碳吸存效益），要达到此服务的提供者与受益者都接受的价格水平，就要综合考虑造林者的受偿意愿和受益者（政府作为其代理人）的支付意愿（刘璨、吕金芝，2004）。所以接下来的章节会分别从造林者和受益者的角度出发，研究各自的补贴界限，尤其是在以政府财政为主要资金来源的生态补偿中，民众是生态补偿的主体（方竹兰，2010），所以其受偿意愿是整个补偿制度中最重要的一个前提，这直接决定了生态项目民众的参与度以及后续项目的执行情况。所以本章首先从补偿主体的视角出发来衡量造林补贴标准，通过设计合理的问卷去获取农户的受偿意愿，将此标准作为农户视角造林补贴标准的主观基准；然后分析了影响农户受偿意愿的主要因素；最后还与第三章中的结论进行了比较分析，形成农户参与造林项目并进行合理轮伐期管理的最低补偿标准，这为最优造林补贴的确定奠定了基于农户的补偿基准。

一 受偿意愿法的应用

非市场评估领域最初引入经济学，主要是将其作为一种支持，来评估那些不能直接在市场上进行交易的产品和服务的价值，包括环境资源，例如林业产品及服务（Riera et al.，2012）。森林除了提供木材以外，还能产生不可估量的生态效益（包括碳吸存效益），但这些生态效益是无法直接在市场上进行交易的一种产品，可作为一种特殊的公共产品，所以可以采用非市场评估方法来对其进行评价。已有研究（Zhang et al.，2001）表明，非工业私有林提供了许多私人效益和社会效益，但这些效益并不能在市场上进行交易，尤其是在全球气候变暖的国际大背景下，理论上进行森林碳吸存效益的研究逐渐成为研究热点，但实践中虽然国际上已有国家建立了碳汇市场，但其范围较小，且实施的成本较高，尚未进行大面积的推广学习。也正是经济学与其他学科（如生态学与林学）的结合，才使得非市场方法更加显著和独特。

在中国现行的体制下，所有政策的制定都是自上而下的，尤其是林业领域的许多政策制度是强制性的，虽然是出于对国家和社会生态的考虑，却没有充分考虑参与者的意愿，并且林农在整个国家的政治地位也决定了他们很少能在政策制定中充分表达自己的意愿，正是政策的制定者与政策的执行者之间缺乏公平的沟通，导致许多政策的执行并未达到预期的效果（黄安胜等，2008），例如在严格的控制－命令下执行林业政策的实践，往往会使得林农将林地转变成其他更有竞争力的土地利用形式（Matta et al.，2009），故政府需要提高政府决策的公共参与度，这将提升林农对于政策中关于土地变化的接受程度（Wang et al.，2005）。在造林项目中引入参与式的土地规划方式，可以将自上而下的政府主导的规划，转变为自下而上的以农户为主体的土地规划，充分调动农户的积极性，保证项目的实施（王文慧，2005）。实践也证明，群众在造林项目中的参与式方法，能够大大提高造林活动实施的成功率，并可保持项目的可持续发展（孙拖焕，2003）。因此，本书要参考参与式的方法，充分考虑参与造林的林农的意愿，以及他们的利益，从而设计出合理的造林补贴标准，既符合国家层面的需要，又可以保证林农利益（孙拖焕，2003；王文慧，2005），从而有助于造林项目的实施以及可持续发展。而条件价值评估法（CVM）就可以做到政策制度充分考虑公众的意愿，故在此分析回顾 CVM 在公共产品价值评估中的应用非常有必要。另外，也要强调补贴政策的稳定性，因为如果政策出现不确定性，林农就会选择提前砍伐，并且减少林业投资（Zhang，2001），这对于林业可持续经营管理非常不利。

对 CVM 的最早研究，应该是由 Ciriacy-Wantrup（1947）的一篇文章开始的，他认为有必要引导农民对于土壤保护项目做出适当的决策，这将有助于政府设计出完整的保护政策，并在公布于众之前根据农户意愿进行调整。但是，他并未就此进行任何实证分析。真正应用 CVM 方法设计与实证研究的第一人是 Davis（1963），他主要进行了大型娱乐项目规划的支付意愿研究。通过这些早期的研究，CVM 逐渐成为衡量一系列环境产品（娱乐、舒适性价值、风景、森林、湿地、野生动植物、空气和水的质量）效益的主流方法。发展至今，研究者已经将 CVM 方法应用于许多不同情境去评估环境效益，其中一个重要的应用就是评估统计学上的人类生命[①]的价值。其他常见的 CVM 研究主要是衡量水质改善的社会支付意愿（Smith and Desvousges，1986；Carson and Mitchell，1993；Smith et al.，1986；Carson et al.，1998），空气质量改善带来的增值效益同样可以运用 CVM 方法来进行估计（Schulze et al.，1983）。由于 CVM 有能力去获取存在价值，所以该方法还经常被用于生态效益价值评估，例如保护濒危物种（Bowker and Stoll，1988）、生物多样性价值评估（Moran，1994）。

① 这里所说的统计学上的生命与第六章所介绍的环境风险的概念相关。例如，如果一个环境政策将死亡的概率从 0.002% 降低至 0.001%，那么该政策所带来的收益增加就是一个人的生命被挽救了。在最近美国环境机构（EPA）公开发表的刊物中，一个统计学意义上被挽救的生命价值 660 万美金（以 2003 年美金为基准折算）[美国环境机构（EPA）行政管理办公室，2000 年 9 月]。

随着研究的进展，CVM 不仅仅用来评估环境产品，而且用于调查评估实践的许多方法论问题，例如研究消费者态度、激励对于 CVM 统计的影响。

CVM 是在 20 世纪 80 年代引入中国的，最初主要应用于生物多样性、生态系统服务以及环境质量领域（薛达元，1997；白墨，2001；张志强等，2002；徐中民等，2002；张翼飞，2008；黄丽君、赵翠薇，2011），之后应用于旅游资源游憩价值及其非使用价值（陈浮、张捷，2001；刘亚萍等，2006；董雪旺等，2011）、水源地生态价值评估（王燕，2011）、流域生态环境价值评估（梁爽等，2005；彭晓春等，2010；姜宏瑶、温亚利，2011）、农田生态系统补偿研究（蔡银莺、张安录，2011）、不同土地利用用途转变的补偿机制（潘理虎等，2010）。

梁爽等（2005）运用条件价值评估中的受偿意愿法，分析水源地建设过程中农户的受偿意愿，研究表明家庭人口、家庭收入和距离水源地的远近是影响农户受偿意愿的主要因素，杨光梅等（2006）采用相同的思路对禁牧政策的受偿意愿进行分析，不同的是采用 Tobit 线性方程来进行影响因素分析，以锡林郭勒草原为例，用 CVM 方法测算了当地牧民对于禁牧措施的受偿意愿，平均每公顷草地受偿意愿为 86.95 元，人均受偿意愿为 8399 元，每户每年受偿意愿为 2.7717 万元。姜宏瑶和温亚利（2011）同样采用 Tobit，基于 CVM 分析了湿地周边农户受偿意愿及影响因素。因为仅用 CVM 法中的支付意愿法会导致低估自然环境生态价值，故刘亚萍等（2006）将支付意愿、赔偿意愿和旅行费用法综合起来，对武陵源风景区的游憩价值进行实证分析。彭晓春等（2010）充分考虑了流域上下游利益相关者的诉求，来分析东江流域的生态补偿机制。董雪旺等（2011）以九寨沟游憩价值评估为例，进行了条件价值评估法中的偏差分析及信度和效度检验，并建议今后的研究应该向信度和效度检验转向，以完善 CVM。张翼飞（2008）研究了居民支付意愿与受偿意愿的差异，并通过实证揭示了这种差异形成的原因。森林资源具有的价值是由市场和人们的支付意愿所决定的（刘璨，2003），于是黄丽君和赵翠薇（2011）从支付意愿和受偿意愿两个方面出发，研究了贵阳市森林资源非市场价值。

以上关于 CVM 的国内外研究为本书采用受偿意愿法进行造林补贴标准研究提供了研究思路与方法借鉴。本书中所用到的主要是受偿意愿（WTA），其与支付意愿（WTP）共同构成 CVM 中非常重要的两个方面，对于同一公共产品，涉及的两方利益相关者，即提供者与受益者，其对于该公共产品的估价不同，故提供者的受偿意愿与受益者的支付意愿也会有差异，只有当受益者的支付意愿总值高于提供者的受偿意愿总值，才能保证该公共产品的正常供给，在考虑该公共产品外部性的前提下，实现社会效益最大化。其实在研究中可以同时考虑这两个方面，因为综合考虑也是纠正误差的一种手段。由于本书中，造林所产生的生态效益为全社会所接受，并不存在特定的受益人，故本书将政府作为受益者的代表，以其财政收入作为其支付来源，故而在考虑其支付意愿时，将其想要获得的生态效益价值（本书中主要指碳吸存效益价值）作为其支付意愿，而造林者则为森林的提供者，则主要考察其愿意接受补偿的多少，故本章主要考虑造林者的受偿意愿，其受偿意愿可通过设计问卷来获取。

二　林农的受偿意愿分析

通过对条件价值评估方法的产生及应用的回顾，可以看出，受偿意愿的确定其实也是一种测量某项林业生态补偿项目在某一区域是否可以实施的方法。本书中所需要调查的受偿意愿，同样是基于假想的市场条件，直接询问被调查者的受偿意愿，这是比较典型的陈述性偏好法，也是国际上可以同时用于市场物品和非市场物品的价值评估方法（Maharana et al.，2000），但该方法最重要的环节就是调查问卷的设计，因为调查问卷的设计直接关系到受偿意愿调查的效果。调查问卷题目的设置分为三大类，一是开放式，二是支付卡式，最后一种是二分式，虽然说支付卡式和二分式更有利于被调查者回答问题（赵军、杨凯，2004），但是只有开放式的问卷，才可以更容易获取林农的真实意愿及其影响因素，因此本书采取了开放式的调查问卷。

（一）研究方法和问卷设计

借鉴国内外研究中有关受偿意愿的基本原理、调查方法及问卷的设计经验，本书主要设计了两部分的问卷内容：一是关于林农的受偿意愿；二是影响林农受偿意愿的主要因素。谨慎的问卷设计可以降低假设性偏差（Maharana et al.，2000）。例如，廉价交谈被认为是非常有效的一种方式（Carlsson et al.，2005）。廉价交谈主要是简单地鼓励被访问者，本书中主要指林农去提供一个比较现实可行的受偿意愿。在与林农进行交谈时，尤其是针对其受偿意愿这个问题时，在林农回答问题之前，项目组调研人员会讲下面一段话："尽管在本书中所设置的情境并非完全真实存在，并且并不需要您付诸真正的行动，但是您的回答是对于结果的一个真实的选择，那样的话您的答案将是非常有价值的。因为许多时候有些人在调研中所做出的选择是一方面，当他们真正面临同样的真实的情境时，则会做出另外的选择。因此，请你们思考清楚你们最终所选的是不是你们最终面临选择时所做的真实选择，或者说你们的选择必须做到言行一致。"基于此，本书调研项目组调查员会详细询问每一户的户主，并与之交谈，讲清楚做出答案之前要想清楚，自己的言行是否会一致，然后咨询林农，如果其造林并按照政府规定的规程进行轮伐期管理，林农需要的补偿额度和补偿期限分别至少是多少。

　　另外一种假设性偏差叫作社会期望偏误，这主要是社会规范及当前社会背景对于林农选择的影响。受访者在回答问题的时候有一种倾向，即按照其答案可能被接受的信念牵引去回答问题（Maguire，2009），或者说从加强自己道德倾向的角度去回答问题（Nunes and Schokkaert，2003）。推断评估的方式是提问，旨在避免社会期望偏误，主要是询问被访问者去预期其他人受偿意愿，而不是询问其自身的受偿意愿。假设这种提问可以降低其夸大受偿意愿的动力，并且已有研究表明推断评估的价值基本上等同于调整过社会期望偏误后的传统自我报价。因此，在调查中，同时询问了林农这个问题，即认为同村的林农受偿意愿大概是什么水平，并根据该标准去校正林农自身的受偿意愿水平，以便得到偏差尽可能小的受偿意愿。

　　受偿意愿的问卷主要包括几个部分的内容。

　　第一，问卷用非常生动的文字描述了黄土高原区恶劣的生态环境及当地实施造林补偿的构想，并将这个构想的造林补贴制度详细地描述出来，使受访农户可以清楚地了解，在他们做出问卷回答之前所需要了解的虚拟的市场情况。

　　第二，受访林农的基本社会经济特征，包括户主的年龄、性别、所有家庭成员的受教育程度、家庭收入情况（包括收入水平及收入结构）、农林业生产的基本生产资料（土地面积）以及农林业生产情况（尤其是其生产经营情况）。

　　第三，受访林农的受偿意愿，即整个问卷的核心部分，不仅包括林农自身的受偿意愿估计，还包括林农对周边农户的受偿意愿的预估。

　　第四，受访林农认知方面的调查包括其对于森林生态功能的认知、林农的环保意识认知、对于风险的预知及林农对于政策的了解程度等。

（二） 农户的社会经济情况分析

通过对样本县（这里主要是指吴起县、华池县以及定边县）的调研①，收集有效问卷 584 份，经过整理可以得到样本农户的社会经济情况。调查中男性户主占大多数，说明现代农村仍然是以男性为主的传统家庭模式；从年龄分布来看，大部分户主年龄为 41～50 岁，占全部样本的 34.42%，说明户主以中年人为主，但 50 岁以上的要多于 40 岁以下的，说明调查地区呈现老龄化的趋势；大部分家庭的平均受教育程度为 7～9 年，占全体样本农户的 40.07%，说明农村的平均受教育程度仍然较低；农户的平均纯收入为 11510 元，参照 2011 年陕西省城镇居民的人均可支配收入（18245 元②），说明农村家庭收入水平仍然较低，城乡收入差距仍然较大；大部分农户的土地（林地、耕地及其他土地）为 7～15 亩，占全体样本的 45.72%，说明样本县的农业生产仍以小规模经营为主。农户的这些社会经济特征很有可能是造成其受偿意愿存在差异的一个因素。

表 4-1　样本的基本特征

变量名	类别	样本量	变量名	类别	样本量
户主年龄（岁）	< 30	23	家庭平均受教育年限（年）	0～6	168
	30～40	123			
	41～50	201		7～9	234

① 这里主要使用项目组于 2012 年对吴起县、华池县及定边县的调研数据。吴起县、定边县及华池县分别隶属于陕西省延安市、榆林市及甘肃庆阳市，其中前两个县属于陕北黄土高原丘陵沟壑区，而华池县则属于陇东黄土高原农林牧区，这三个县均为退耕还林项目的参与者。三县毗邻，并且三者均按照国家的规划完成了退耕还林任务指标，其水土流失情况较退耕前均有所改善，因此，在研究退耕还林项目时以此三县作为案例县具有典型性和代表性。
② 引自《陕西省统计年鉴 2012》。

变量名	类别	样本量	变量名	类别	样本量
户主年龄（岁）	51～60	146	家庭平均受教育年限（年）	10～12	98
	≥61	91		≥13	84
家庭纯收入（元）	<1500	84	土地面积（亩）	<3	89
	1501～8000	98		4～6	91
	8001～10000	225		7～15	267
	10001～30000	101		16～45	86
	≥30001	76		≥46	51
户主性别	男	498	家庭人数（人）	≤3	167
				4	358
	女	86		5	59

（三）农户对生态效益及环境保护的认知分析

农户对于环境保护的认知程度要明显高于其对森林生态功能的认知，这主要是由于黄土高原地区的自然条件及地理条件对于农户的农林业生产及生活的影响比较大且比较直观，农户可以直接感知，而对于森林的生态功能，其直观感受比较弱，但经过交谈中的相关提示，农户其实也可以间接感受到森林所产生的生态效益。

表4-2中列出了样本县农户对于生态效益及环境保护的认知情况，三个县之间是存在一定差异的，其中吴起县农户对于森林生态效益和环境保护的认知程度比其他两个县都高，而定边县农户对于森林生态效益和环境保护的认知程度又低于华池县样本农户。但总体来看，三个县农户的认知层次基本一致，即认知程度居中的农户占多数，但认知程度高的农户要比认知程度低的农户多。

表4-2　农户对生态效益及环保的认知分析

变量	分类	吴起县		定边县		华池县	
		数量	百分比（%）	数量	百分比（%）	数量	百分比（%）
森林的生态效益认知程度①	1	9	4.55	32	16.24	24	12.70
	2	38	19.19	60	30.46	46	24.34
	3	98	49.49	76	38.58	80	42.33
	4	34	17.17	21	10.66	29	15.34
	5	19	9.60	8	4.06	10	5.29
对环境保护的认知程度②	1	19	9.60	30	15.23	21	11.11
	2	33	16.67	59	29.95	45	23.81
	3	98	49.49	78	39.59	80	42.33
	4	39	19.70	20	10.15	34	17.99
	5	9	4.55	10	5.08	9	4.76

（四）农户受偿意愿分布

　　通过将问卷结果进行简单分析，可以得到三个县辖区下样本农户对于种植沙棘的受偿意愿分布情况（如图4-1所示）。分析结果表明：受偿意愿先随着补贴标准的增加而增加，达到顶峰之后出现了递减的现象，呈现偏正态分布。按规律讲受偿意愿的分布一般是应呈现单调递增的分布，这里之所以出现该情况，是因为在调研中，调研员会提醒被访问林农，如果过分无止境地高估其受偿意愿，则该份问卷视为无效问卷，所以得到的受偿意愿是被访问林农经过谨慎思考的答案，并且林农的受偿意愿是研究中通过校正后的受偿意愿，已经减少了其中的许多误差。

---

① 数字1~5表示林农对森林生态效益的认知程度，数字越大，表示林农对森林生态功能认知程度越高。

② 数字1~5表示林农认为环境需要保护的迫切程度，数字越大，表示林农认为环境需要保护的迫切度越高。

通过简单的算术平均计算，可以得到三个样本县的农户对于种植沙棘的受偿意愿：华池县农户种植沙棘的受偿意愿为 4700 元/公顷，吴起县农户种植沙棘的受偿意愿为 3650 元/公顷，而定边县农户种植沙棘的受偿意愿为 3141 元/公顷。三个县的农户对于造林补贴期望的补偿年限同样存在差异，其中，华池县的农户期望的补偿年限为 25 年，定边县农户的补贴年限为 30 年，而吴起县农户的期望补偿年限为 21 年。

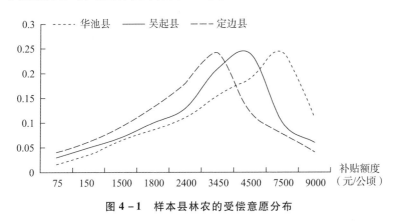

图 4 - 1　样本县林农的受偿意愿分布

从图 4 - 1 可以很明显地看出，吴起县林农的平均受偿意愿处于定边县和华池县的平均受偿意愿水平之间。三个县之间存在这样的差异，是由许多因素造成的。首先，吴起县是全国的退耕还林示范县，于 1998 年率先启动退耕还林工程，受到国家及地方政府的高度关注，所以当地农民对于森林生态效益的认知程度应该比其他两个县高，一般来说，具有较强环保意识的农民更愿意接受较低的补偿，去从事具有外部性的森林经营活动，而定边和华池两个县则属于退耕还林的一般参与县，均从 1999 年开始实施退耕还林工程，并且其受关注的程度明显低于吴起县；其次，吴起县和定边县有丰富的石油资源，解决了当地许多剩余劳动力的就业问题，但对于华池县而言，转移剩余劳动力的能力就稍微差一些，这就使得农户会索要较高的退耕还林补贴，以保证自己退耕还林后收入水平的稳定性；最后，尽管三个样本县在地理位置上毗邻，但是各自的地理条件及自然环境具有明显的差异，甘肃的华池县自然环境和气候条件最为恶劣（赵敏娟、姚顺波，2012）。而正是自然环境条件的差异，导致了其退耕还林成本的差异，进而导致农户对于退耕还林补贴标准的诉求不一致。但吴起县的造林补贴受偿意愿之所以会高于定边县，可能是由于吴起县农户心里也特别清楚，吴起县属于政府的重点投资地区，因此在做问卷时有一种高估其受偿诉求的倾向，因为他们认为他们的意见会更容易被采纳，因此其林农受偿意愿高于定边县；但华池县的受偿意愿在三个样本县中最高，是因为其与陕西的两个县相比，经济落后且自然环境恶劣，故其退耕初期需要更多的成本，因此农户的受偿意愿无疑是最高的。

三　林农受偿意愿的影响因素分析

验证受偿意愿有效性的方法之一是对影响农户受偿意愿的因素进行计量经济学分析（姜宏瑶、温亚利，2011），因此，在分析完农户的受偿意愿之后，本书同样进行了受偿意愿的影响因素分析。

（一）分析模型构建

理论上讲，林农对其提供的森林生态产品的受偿意愿应该受到其个人偏好、收入状态及其他社会经济特征的影响（杨光梅等，2006），并且由于受偿意愿的调研是在特定的地理区域内进行的，因此受偿意愿也与调查地区的政治体制、经济水平、环境意识及公共物品的供给等因素密切相关（张翼飞，2008）。过去文献指出年龄（Scatena et al. 1996；陈郁蕙等，2008；林国庆等，2007）、对环境看法（Willock et al，1999）会影响土地使用者决策，而土地使用者受教育程度与相关政策参与有关（Damianos and Giannakopoulos，2002），Adesina 和 Zinnah（1993）曾指出，年龄较轻的土地使用者，更愿意承担风险而参与新的政策；另外，过去文献曾指出，农民的所得越高，风险趋避的态度倾向越低（Binswanger，1980；Hamal and Anderson，2012），也越愿意参加新的政策。因此，本书在模型中选取的解释变量主要有：土地变量部分选择土地面积、地块质量、土地距离公路远近；农户的社会经济特性变量选择户主性别、年龄、家庭平均受教育年限、家庭年收入状况、家庭非农化程度；认知部分包括对林业优惠政策的了解程度、对森林生态效益的认知、对环境保护的态度、经营林业的风险预期。这里我们构建了一个最简单的多元线性对数模型，去检验哪些因素会影响农户的受偿意愿，其中被解释变量为农户的受偿意愿，而主要变量的解释如表 4-3 所示。

表 4-3　解释变量定义

解释变量 variables	变量定义 definition	均值 Mean	标准差 S. D.	最小值 min	最大值 max
户主性别	男性 = 1；女性 = 0	0.89	73.34	0	1
户主年龄	实际的年龄	47.84	10.91	23	79
家庭平均受教育年限	将全体家庭成员的受教育程度进行简单平均，取其平均值作为受教育年限表示	7.98	3.92	13.7	3.7
土地面积	将农户所有的土地面积都加总在一起，包括林地、耕地及自有土地	9.34	20.2	101	2.5
地块质量	坡地 = 1，台地 = 2，平地 = 3，将面积作为权重，按其地形的量化值，通过简单加权平均，得到农户地块的平均质量	2.23	0.42	1.56	2.57
家庭年收入	整个家庭的年均收入水平	11510	176	637	52534
对森林生态效益的认知	数字 1~5 分别表示林农对森林生态效益的认知程度，数字越大，表示林农对森林生态功能认知程度越高	2.65	4.23	1	5

续表

解释变量 variables	变量定义 definition	均值 Mean	标准差 S. D.	最小值 min	最大值 max
对环境保护的态度	数字1~5分别表示林农认为森林需要保护的迫切程度，数字越大，表示林农认为森林需要保护的迫切度越高	2.87	5.02	1	5
经营林业的风险预期	风险最小=1；风险较小=2；一般=3；风险较大=4；风险最大=5	3.36	6.92	1	5
土地距离公路远近	将土地到公路的平均距离从近到远排列，最近（10%）=1；较近（20%）=2；适中（40%）=3；较远（20%）=4；最远（10%）=5	2.76	17.98	1	5
对林业优惠政策的了解程度	非常不了解=1；不了解=2；一般=3；了解=4；非常了解=5	4.01	3.89	1	5
家庭非农化程度	家庭成员中每年外出务工超过三个月的成员占家庭总人口的比重	0.55	1.79	0	1

考虑到 WTA 的分布是偏正态，因此这里在做回归分析时，将其取了对数值，以期修正原值的非正态分布，因此本书中所使用的回归方程见式（4-1）。

$$\ln(WTA_i) = \beta_0 + \beta_j x_j + u \qquad (4-1)$$

上式中，β_0 为常数项，β_j 为回归系数，i 为农户编号，u 为随机扰动项，x_j 为解释变量，具备含义见表4-3中所列内容，WTA_i 为第 i 个农户的受偿意愿。

（二）实证结果

从表4-4中可知，对于三个样本县的实证模型模拟效果，可以有效地解释模型中相关变量的经济信息。从回归结果可以看出，三个模型中家庭平均受教育年限、土地面积、地块质量、家庭年收入、对森林生态效益的认知、土地距离公路远近、对林业优惠政策的了解程度及家庭非农化程度均通过不同程度的显著性检验。

表4－4　实证结果

变量	系数		
	吴起县（198）	定边县（197）	华池县（189）
常数项	0.787 ** （0.3431）	0.679 ** （0.3354）	0.598 * （0.3429）
户主性别	0.534 （0.4123）	0.429 （0.4223）	0.613 （0.4983）
户主年龄	0.427 （0.3126）	0.401 （0.3315）	0.456 （0.2971）
家庭平均 受教育年限	0.346 ** （0.1721）	0.283 * （0.1635）	0.312 ** （0.1547）
土地面积	－ 0.451 ** （0.1983）	－ 0.449 ** （0.2127）	－ 0.419 * （0.2534）
地块质量	0.996 *** （0.3364）	0.898 * （0.5084）	0.887 *** （0.2983）
家庭年收入	0.00561 *** （0.0021）	0.00489 *** （0.0019）	0.00602 * （0.0035）
对森林生态 效益的认知	－ 0.058 *** （0.0213）	－ 0.049 *** （0.0179）	－ 0.061 ** （0.0306）
对环境保 护的态度	0.238 （0.1494）	0.348 * （0.2018）	0.238 （0.1841）
经营林业的 风险预期	0.493 （0.4615）	0.523 （0.4993）	0.489 （0.4266）
土地距离 公路远近	0.584 * （0.3033）	0.498 * （0.2763）	0.479 * （0.2494）
对林业优惠政 策的了解程度	－ 0.498 ** （0.2534）	－ 0.508 ** （0.2531）	－ 0.394 ** （0.1991）
家庭非农化程度	－ 0.583 * （0.3016）	－ 0.489 * （0.2783）	－ 0.532 * （0.2892）
	$R^2 = 0.8231$	$R^2 = 0.7983$	$R^2 = 0.8109$

注：圆括弧里的是估计的标准差；＊表示通过10%的显著性水平检验，＊＊表示通过5%的显著性水平检验，＊＊＊表示通过1%的显著性水平检验。

家庭平均受教育年限与受偿意愿呈现正相关关系，并且通过5%的显著性水平检验（定边县除外），这主要是因为受教育程度越高的农户，一方面其在计算损失时，会考虑森林的生态价值，另一方面他们会高估森林的生态价值，综合之后，这部分农户会给出较高的受偿意愿。土地面积与其受偿意愿显著负相关，这就意味着拥有土地面积越小的家庭，其受偿意愿就越高，这可能是因为对于农户而言，他们拥有土地面积少，便会优先考虑将有限的土地用于基于农业生存的作物的种植，而较少地考虑将土地用于造林。土地质量与受偿意愿呈显著的正相关关系，即农户所拥有的土地质量越高，其受偿意愿越强，这是很容易理解的事情，因为其地块质量越高，其进行造林的机会成本就越高，所以其补偿诉求也越高。家庭年收入水平与受偿意愿呈正相关关系，虽然系数通过了显著性检验，但其系数非常小，即正向的影响较小，可以忽略不计，或者说受偿意愿基本上不受制于家庭的收入水平，这正好与 CVM 方法的经典假设相一致。越是了解林业政策的农户，其受偿意愿反而会越低，这一方面可能是由于农户觉得高估自己受偿意愿也未必如愿，另一方面，通过对政策的了解，知道自己造林，受益的不仅仅是自己，也会造福后代，因此在估计自己受偿意愿时会相对客观，不会过高估计自己的受偿意愿。对于森林生态效益认知程度高的农户，相比于重视经济收益，他们更倾向于接受更低的补偿标准去从事林业活动，创造更多的生态效益。农户非农化程度越高，农户的环境意识及对森林的生态效益认知就会越强，另外，非农化程度高的农户家庭年收入会越高，而这两者会产生相反的作用力。本书的实证分析证明，非农化程度是负向的影响，因为收入的正向影响作用是非常弱的，而对森林生态效益的认知则是强负向的影响，所以两者相互作用之后，应该呈现负向影响。在造林过程中，如果农户的地块距离公路远，即交通不便利，则在后期的维护管理过程中，困难较大，农户会期望得到更高的补偿。因此土地距离公路远近与受偿意愿呈现正相关关系。较高的风险预期会导致较低的农户受偿意愿

（李云驹等，2011），但是通过实证结果可知，风险对于受偿意愿是正向的影响，但并没有通过显著性检验，可能主要是由于样本县地方政府对于林业的大力支持，减少了农户林业经营的许多后顾之忧，所以使得风险因素对于其受偿意愿的冲击并不显著。

四　受偿意愿的有效性分析

（一）受偿意愿与机会成本的比较

由于农户的行为具有相当的主观性，因此在确定补偿标准时应充分考虑农户的受偿意愿（刘某承等，2012），为了使得到的补偿标准更趋合理化，本书在获取农户的受偿意愿的同时，还综合考虑了第三章中研究的农户造林机会成本，通过两者的比较分析，确定基于农户视角的造林补贴标准。对陕西省吴起县农户的调查数据显示，农户平均的受偿意愿为 3650 元/公顷[1]，而对于补偿期限，农户的平均期望为 18 年，这样他们才愿意维护退耕还林的成果，而不去复垦。但由于农户的受偿意愿受到许多复杂因素的共同作用，所以受偿意愿只能作为一个参考标准，而在实际应用过程中仍然要以机会成本作为一个基准。

从理论上讲，补偿标准不应该低于机会成本损失（雍新琴、张安录，2011）。如果农户的补偿意愿低于其机会成本，则将机会成本作为补偿标准的上限，而将农户的补偿意愿作为补偿标准的下限，折中的做法是将两者的平均值作为补偿标准；如果农户

---

[1] 李海鹏（2009）通过农户的受偿意愿调查，得到农户的补偿标准为每年每公顷 3200 元左右，这个标准其实是低于退耕还林补贴标准 3450 元/（公顷·年）的。但是这个标准是退耕还林到期以后农户的受偿意愿，并非退耕还林期间的补偿诉求，所以在西南少数民族地区，当前的退耕还林补贴是足够激励农民参与造林的，但如果想继续保护退耕还林的成果，就非常有必要延长那里退耕还林补贴的年限。

的补偿意愿高于其机会成本损失，则机会成本损失为最低的补偿标准（雍新琴、张安录，2011）。

（二）受偿意愿分析的有效性

生态项目的行政负担会提高农户的受偿意愿，生态项目所带来的非市场价值，例如对于生态环境的社会认知，则有可能会降低农户的受偿意愿。不管怎样，有一点很明显，就是农户参与项目的受偿意愿与机会成本是非常接近的（Kaczan et al.，2013）。因此确定受偿意愿外部有效性的一个有效途径就是，比较 WTA 与竞争性土地用途之间的平均利润差异（机会成本）。因此，本书同样将基于受偿意愿的造林补贴标准与基于机会成本的造林补贴标准进行比较，以确定受偿意愿的外部有效性。

比较由机会成本获得的补贴标准与由农户受偿意愿决定的补偿标准，发现前者发放的补贴净现值总和为 33740.13 元 [2405 元/（公顷·年），共计 21 年]，后者的净现值为 46206.43 元 [3650 元/（公顷·年），共计 18 年]，即基于农户受偿意愿的补偿标准高于基于机会成本理论的补偿标准。考虑到调研中农户会高估自己的受偿意愿，所以本书将最低标准定为基于机会成本的补偿标准，即 2405 元/（公顷·年），共计 21 年。

通过两种方法的比较可知，受偿意愿法得到的补偿标准高于机会成本法得到的标准，但两者之间的差距仍然处于比较合理的区间，所以可以说受偿意愿法得到的结果是有效的，之所以没有采用该标准，主要是考虑到其主观性太强，而机会成本会相对客观一些。

五　小结

本章主要是从农户的受偿意愿出发，以陕北退耕还林项目为例，讨论造林补贴标准及补贴年限。然后将从农户受偿意愿视角测算的造林补贴标准及补贴期限与从机会成本视角测算的进行了比较研究，并据两者的关系综合得出，基于农户视角的造林补贴标准以机会成本为基准，即 2405 元/（公顷·年），共计 21 年，用公式可以表达为 $G_f(t) = 2405, T = 21$。因此第三、四章主要是从农户的视角出发，而并未太多地考虑到政府的补贴决策，并且以上两章中都未对政府的财政支付能力进行任何限制。因此，为了得到更加科学严谨和更加合理的造林补贴标准及补贴年限，就有必要从政府的角度出发，去考量造林的补贴标准及年限，这是第五章的主要研究内容。

▶ 第五章
基于碳吸存效益内部化的
政府造林补贴诉求

第三章、第四章主要是通过理论与实证研究，得到林农可以接受的最低造林补贴标准，从主观上讲林农的受偿意愿是其愿意接受的最低标准，但为了避免林农高估其受偿意愿，本书从机会成本视角比较客观地测算了林农的最低补偿标准。综合主客观两个方面计算得出的标准，可以避免由政府主导的补贴政策实施而忽略了林农的补偿诉求，也就避免了在造林以及后期维护管理工作中的消极怠工，从而可以保证森林的"双增长"，并实现造林项目的政策目标。在全球气候变化的大前提下，森林生态补偿标准确定不科学严重地影响我国的生态安全问题（于金娜、姚顺波，2012）。考虑到世界及国家对碳吸存效益的重视程度，并且植树造林和持续森林管理能够增加碳吸存（obschatko et al.，2010），故本章的研究更侧重于从政府角度考虑，将森林的外部效益定位于可量化的碳汇效益（van Kooten et al.，1995；Huang and Kronrad，2001），用碳吸存效益来代替森林的外部性，来研究考虑碳吸存效益的造林补贴标准。

一　森林碳吸存效益的重要性

1992 年联合国环境与发展大会后，林业部门在应对气候变化中发挥的作用引起了广泛关注，特别是造林和再造林项目已经被视为重要的具有碳吸存和改善生态环境作用的林业活动。许多学者（Adams et al.，1993；Parks and Hardie，1995；Plantinga，1997；van Kooten et al.，1992，1999）也已经达成共识，认为造林是非常重要的碳吸存工具，可以缓解全球气候的变化。因此，许多发达国家已经实施造林补贴计划来刺激森林所有者去种植防护林，这就为解决气候变化问题做出了巨大贡献（He et al.，2010）。

　　目前，我国尚有 0.57 亿公顷宜林荒山荒地，0.54 亿公顷左右的宜林沙荒地和相当数量的 25 度以上的陡坡耕地、未利用地。因此，通过在这些宜林地上面造林，实现"森林面积增加 4000 万公顷"这一战略目标是完全可能的（唐守正，2010）。在我国现有的宜林地中，立地条件好的仅占13%，而60%的宜林地分布在内蒙古和西北地区，其余的也多分布在一些石质山区，造林的条件越差，造林难度就越大，造林成本就越高。而另外，这些地区的经济发展水平又相对滞后，当地的农民尚不富裕。因此，宜林地主要分布区的农民难以支付造林的高成本。因此，国家对林业重点生态建设工程进行造林补助，直接面向造林农民，这些造林补贴政策极大地激励了林农造林的积极性，对于造林和造林质量起着不可估量的推动作用（唐守正，2010）。因此，我国要加快森林业资源建设，增加碳汇功能，提高应对气候变化的能力，就要实行全面的造林补贴政策。今后要进一步扩大造林补贴的范围，而不是仅仅限于重点生态工程造林，要尽量覆盖所有的造林活动；要有科学方法制定的补助标准，目前的补助标准已经明显偏低，很难达到预期的目的。因此，建议根据林种、区域、立地条件的不同，经过科学测算，制定合理的补贴标准；采取符合国情、林情的补贴方案；要稳定造林补贴资金来源；建立完善的管理体制，使造林补贴政策产生预期的效果（唐守正，2010）。

　　森林资源的价值主要表现在其发挥生态效益的外部性价值

上，而非其作为产业原材料的经济价值上（占绍文、王云玲，2002）。当前，我国应对气候变化的重要途径是增加林业活动（朱臻等，2013），一方面是因为森林可以吸存碳并且储存碳（Pereira，2010），另一方面是因为林业活动在固碳方面具有明显的成本优势（van Kooten et al.，1995；Murray，2000；Benítez，2004）。但是很明显的事实是，森林产生的碳吸存效益是一种稀缺的生态公共产品，面临着供给不足的问题。理论上讲，通过造林和再造林活动可以增加森林面积，从而增加碳吸存；另外，减少森林砍伐可以减少碳释放的发生（Pereira，2010）。因此，如果通过激励措施能够鼓励林农造林并维护森林不砍伐或者在森林停止生长前不砍伐，就会有利于碳吸存效益的形成，进而对缓解全球气候变暖做出贡献。

已有研究（陈先刚等，2008；曹超学、文冰，2009；杨艺渊、高亚琪，2011；焦树林、艾其帅，2011；任静、余劲，2013）表明，退耕还林项目实施除了具有经济效益外，还具有巨大的碳吸存效益。对退耕还林的土地进行经济补偿，从实质上剖析，是一种对林业生态建设赋予价格的行为（张吉国、胡继连，2003），通过退耕还林补贴，去激励农户将自家劣质耕地转换成林地，充分发挥土地的生态效益，这其实就是一种通过激励措施激励农户造林的行为。但是在进行退耕还林补贴标准制定及发放时，非常有必要考虑到我国特殊的地形情况，由于地形的复杂性必然导致补贴的地域差别，因此就要避免"一刀切"的补贴标准，而是要进行多样化的补偿（张吉国、胡继连，2003）。已有研究中，有些以区域进行划分，制定不同的补偿标准（满明俊、罗剑朝，2007；曹超学、文冰，2009；黄祖光，2010），有些则以林种为标准，确定相应的补偿标准（于金娜、姚顺波，2012；Yu et al.，2014；朱臻等，2013），本书主要考虑到森林的碳吸存效益，故采用树种作为划分补偿标准的依据具有合理性，因为不同的树种和林种，其固定碳的功能会有差异。

目前退耕还林补偿的资金主要来源为政府的财政收入（张吉国、胡继连，2003）。对于有全国性"公共产品"性质的生态工程建设，中央政府当然应该承担主要的补偿经费，并且更加侧重于生态效益比较明显的一些项目的投资，但是对于能够给农户带来巨大经济效益的项目，政府鼓励农户采用自己融资的方式开展（杜君楠，2008）。由此可见，政府在环境项目中更侧重于追求其生态环境效益，这是政府提供补偿的一个基本出发点。因此，本书中也将政府愿意支付的补偿额度上限，定义为项目所能够提供的生态效益。再结合全球气候变暖的现状，并且关于碳汇效益的量化国内外已经具有比较成熟的核算方法，故而本书中将森林所固定的碳汇效益作为政府愿意支付补偿的最高额度。

基于此判断，本章拟从政府角度出发，依据碳吸存效益确定林木的最优轮伐期，并基于一系列关于政府责任和行为的假设，建立政府追求碳吸存效益的行为决策，当然本章的研究同样是以对造林者在边际农地上造林①并获得相应的造林补贴为前提，从政府视角展开对造林补贴标准的研究，以期研究政府在造林补贴中所愿意支付的最高造林补贴标准，为最优造林补贴标准奠定基于政府视角的补贴基准。

二　基于碳吸存效益造林补贴的
理论模型构建

帕累托最优的公共产品供给大于纳什均衡的公共产品供给

---

① 政府补贴可以延长最优轮伐期和提高林农的林业投资，但是在政策不确定的前提下，此结论则不成立，反而会缩短最优轮伐期和减少林业投资（Zhang，2001）。所以在此选择边际农地，是因为考虑到农地的产权比林地的产权更完全，因此，如果在边际农地上造林，农户可有更多的砍伐自由，因为本书不考虑土地产权不完整而导致的无法实现土地上种植所获得的作物收入或者木材收入。

（张维迎，1996），具有外部经济性的森林，也具有同样的性质。因此，如果完全让造林者自愿造林，提供整个社会所需的森林外部效益是不现实的。即使造林活动具有正的外部性，但对于理性的造林者而言，其造林决策较少考虑其外部性，而是仅仅考虑林业的经济收益，因此造林者的私人轮伐期就会小于社会最优轮伐期（Xabadia and Goetz，2010）。从社会角度出发，给予造林者相应的激励方式，使其私人轮伐期延长至社会最优轮伐期是发挥森林资源最大社会效益的前提。已有学者（洪志生、张春霞，2007b）总结了私有林补贴制度：激励型补贴制度，如直接现金补贴、信贷优惠、税收优惠（蒋梅，2000；王焕良等，1994），服务型补贴制度，如基础设施建设、技术指导、信息咨询等（张得才，2005；李智勇，2001），以及补偿型补贴制度，包括生态补偿型和灾害补偿型。而直接现金补贴作为一种普遍使用的政策手段，在激励土地私有者提供环境产品与服务方面发挥着重要作用，尤其对于农民和林农的激励（Layton et al.，2009），并且已有研究表明，经济补偿对于森林恢复会产生重要影响（钟太洋等，2005）。本节的研究目的是从政府制定政策的角度出发，来构建激励林农造林的补贴政策。

（一）研究假设

通过造林后的最优轮伐期管理，实现森林的碳吸存效益，其实质也是一种环境管理制度，所以为了保证项目的顺利实施，首先假设国家已经具备完善的环保机构、保证环保机制运行的一系列环保法规、投资融资机制、监督考核机制、奖惩政策等。这是一项政策或者项目实施的外在政策环境，只有在完善的政策背景下，才有可能对既有的环境管理方案进行创新，也只有这样，政府和私人才可以同心协力、共同合作，进而促成环境保护效果的达成。

1. 政府的角色及行为假设

（1）政府角色的定位

A 公共产品理论视角

长期以来，公共产品主要是由政府部门凭借其权力及资源、信息优势来进行生产与配置，但具体操作中政府的自利行为会导致政府失灵，因此在实际的操作过程中，政府一般并不直接参与公共产品的生产，而是由私人或者私人部门来完成这些公共产品的生产，政府只是承担公共产品供给的规划、组织、监督及管理等一系列政府职能（崔旺来、李百齐，2009）。

B 新公共管理理论视角

以新古典经济理论、新制度经济学、公共选择理论为基础，发展出新公共管理理论。新公共管理理论最主要的特征是强调在公共部门的管理中运用市场、私人部门的管理手段和管理技术，甚至是其管理中的价值观念，该理论实现了将公共产品的管理者（政策制定者）与提供者完全分开，将竞争机制引入公共服务中，以实现公共产品供给的质量与效率（崔旺来、李百齐，2009）。

C 新公共服务理论视角

新公共服务理论强调以公民为核心，尊重公民权利，实现公共利益，重视公民参与公共服务提供的决策，最终实现公民、政府、法律和社会的运行。这样的一种治理模式，强调的并不是服务型政府的管理理念，明确了政府在公共产品供给中是主动识别和回应公民的需求，而非被动的管理者。因此，这就要求政府在公共产品的供给中要以实现公众的公共利益为其主要追求目标，并且要重视在公共产品供给决策中公众的参与。

因此，政府的角色及定位应该是，为制度正常运行提供良好的环境及条件（唐艳，2008），以保证其正常运作，而非一味地运用政府强有力的权力进行干预。一句话，政府的本质是为人民服务（刘平胜，2010），根据当前中国的国情，政府仍然是碳吸存效益最大的买主。

（2）政府的行为

退耕还林工程主要针对 25 度以上的坡耕地及沙化严重的耕地，将这些耕地的用途转变为林业生态建设，因此该工程不仅仅是一项生态工程，还是一项社会工程（秦伟等，2008）。

传统的社会主义理论将政府定位成全社会利益的化身，除了全社会的公共利益外，政府再无其他任何利益，因此政府的行为目标是实现人民群众整体利益的最大化。但这种假设过于严格，因为现代市场经济理论将政府视为"社会人"，即政府通过对市场经济的适当调控，使整个社会有条不紊地运作（刘某承等，2012）。

如果政府是理性的，则其在造林项目中追求的目标是以最少的投入实现生态效益最大化（林德荣、支玲，2010）。由于进行生态林抚育管护无法给农户带来实际的经济效益，是造林农户的一个劣策略，除非万不得已，理性的农户是不会采取该策略的（林德荣、支玲，2010），但是其管护生态林的行为可以给整个社会带来巨大的生态效益。因此，仅仅从农户造林成本的视角出发来核算造林补贴标准，是不能够提供足够的激励和约束的，因此，作为整个社会利益代表者的政府，就需要考虑将生态林产生的生态效益也进行补偿，以激发农户造林和护林的积极性。

2. 政府支付能力

之所以要研究造林补贴标准，当然是假设政府的财政支付能力是有限的，因为如果政府的财政支付能力无限，那么，政府无论如何都可以满足农户的任何诉求，通过造林项目实现碳吸存效益的政策目标是很容易达到的，但本书则是希望通过研究造林补贴标准，在政府财政支付能力有限的前提下，提高实现政策目标的效率。但这里只是假设政府的财政支付能力有限，对于政府在造林项目的实际支付上限并不做具体的规定，因为给出具体的数额限制并不现实，并且只要规定政府的支付能力是有限的，即可达到研究的目的。

3. 森林的固碳效益

我国《森林法》及相关的林业政策法规明文规定，不允许森林砍伐后将木材用于燃烧，除非是薪炭林（主要是一些杂木和杂灌，主要分布在农户的自留山上）。而森林的主要木材产品——原木则主要用于工业，制作家具或其他耐用产品，只有边角料或者生产原木的碎屑才可以用于造纸或者由专业的造纸木材提供，因此，这里假设森林即便在达到最优轮伐期后采伐，其所吸存的碳大部分仍然以耐用产品的形式固定下来，释放的碳是少量的，可以忽略不计。因此，本书假设采伐森林后其释放的碳量可以忽略不计，而仅仅考虑因林木生物量增加所吸存的碳量。

固碳功能的生态税基应该以森林蓄积的年增长量作为依据（陈祖海，2004），因此在核算碳吸存效益时，本书同样是以森林生物量的年增长量作为固碳的一个基准，在此基础上去进一步计算每年固碳量，并通过碳价的折算，最终换算成用价值量表达的随林龄而变化的碳吸存量函数。

考虑到目前碳交易价格不统一，有些学者则利用造林成本法计算森林的固碳价值（秦伟等，2008），但无论碳价取值几何，已有研究（Ramlal et al.，2009）中许多都假设一个不变的碳价，去建立基本的静态模型，然后在静态模型的基础上进行敏感性分析。本书中也采用此研究思路，先假设一个不变的碳价，然后在构建模型的基础上，展开敏感性分析，以检验模型的稳健性。

一般认为，$F(t)$ 随着林龄的增大而增加，而且环境效益的增加足够弥补林地期望价值损失，即轮伐期将会延长，然而一些研究也表明情况可能并非总是这样的。但是可以肯定的是，当森林用于特定的目的，而不是用同一方式进行经营并进而呈现多元化时，森林的总效益最大（Hoen et al.，2006）。

4. 补偿标准与补偿年限

对于森林的生产经营，虽然作为经济人的林业生产决策者的目标是其经济利益的最大化，但政府的政策目标则是实现森林的生态效益最大化（朱蕾、吕杰，2007），此外，为了保证、激励农户或者造林者通过林业经营行为进而实现政府的政策目标，政府还会考虑帮助农户实现造林的经济收益，即政府为了实现森林的生态效益应该给予农户或者造林者多少现金补贴。基于此确定森林的生态补偿标准，即基于政府视角的造林补贴诉求。而基于森林生态收益所确定的森林轮伐期从理论上讲大于仅仅考虑经济收益的私人轮伐期，因此政府追求森林所带来的外部性的前提是，规定农户或者造林者要按照相应的规定进行森林的轮伐期管理，在本书中，具体来讲，是要求造林者尽可能久地维持森林的立木状态而非砍伐行为，或者说希望造林者尽可能地推迟砍伐，以实现尽可能多的林业生态功能。但是已有研究表明，如果推迟造林者的砍伐时间，就会降低造林者的效用水平，因此对于造林者的补偿至少不应低于由于推迟砍伐所带来的效用的损失（Lynch and Lovell，2003；Langpap，2004；Mäntymaa et al.，2009）。已有研究中，有些学者（Ramlal et al.，2009）从土地所有者的视角出发，认为发放给土地所有者的补贴所反映的固碳量，应该恰好等于其造林所吸存的碳量，另外一些学者（van Kooten et al.，1995；Huang and Kronrad，2001）则从政府角度出发，认为应该以森林碳吸存效益价值作为政府给予造林者的造林补贴额度，并且政府作为社会公共利益的代表，其追求的目标也应该是生态效益的最大化，所以本书将造林所发挥的碳吸存效益作为政府愿意支付给造林者的最高补贴额度，这种假设是合理的。相对应的，本书将考虑碳吸存效益的最优轮伐期作为造林补偿的年限。

5. 造林补贴机制的假设

对于造林者而言，无论是否考虑森林经营的碳吸存效益，其行为决策主要是确定最优的轮伐期（朱臻等，2013）。但如果是从政府的视角出发，实现碳吸存效益，也是要确定一个最优的轮伐期，所以可以说政府和农户均面临相同的选择，即选择轮伐期，但两者也存在最大的差别，即确定最优轮伐期的基数不同，在第四章已经分析过农户确定轮伐期是以其经济收入作为基准，而这里政府确定最优轮伐期则是以碳吸存效益最大化为基准。虽然两者之间存在差异，但并不说明两者之间具有不可调和的矛盾，因为只要政府进行正确的政策引导，是可以让造林者的私人轮伐期与考虑碳吸存效益的社会最优轮伐期达成一致的。

已有研究（黄斌，2010）表明，约束农户抚育采伐行为的主要是规程比较严格的抚育采伐技术。因此，政府也可以考虑在进行激励性措施引导的同时，对农户的采伐行为以法律条例的形式进行约定，这样也可以从另外一个侧面延长其私人轮伐期。

（二）最优轮伐期及政府决策模型

如果造林仅仅是为了碳吸存效益，那么林业管理的目标通常是尽可能地扩大造林面积和提高生物量增长速率（Ramlal et al.，2009）。但我国的土地资源有限，不可能无止境地通过扩大森林面积去实现林业管理目标，所以我们可以考虑通过其他管理手段去提高森林的生物增长量，即通过其他方式去实现森林质量的提高。已有研究表明，轮伐期管理是提高森林质量的比较重要、比较容易进行控制及操作的一种森林经营方式，因此，这里先要讨论基于碳吸存效益的最优轮伐期。

基于以上假设，我们可以去构建政府的行为模型，以实现其最大化的碳吸存效益。政府作为公共利益的代理人，由于其"大公无私"，故其行为并非像私人一样追求经济利润，而是为整个社会考虑，去改善环境，即本书所侧重考察的碳吸存效益，从而减缓全球气候变暖的大趋势。

这里主要参照已有的研究成果（于金娜、姚顺波，2012），同样是采用 Hartman（1976）提出的模型，在考虑碳吸存效益的前提下，来研究林木的最优轮伐期，在本书中主要是针对沙棘林。对于沙棘林而言，上文已经提到其不仅仅提供木材，还会提供非木质林产品，但这些经济收益最终将由造林者获得，从表面上看似乎与政府的行为决策无关。但政府作为国家公众利益的代表，更加关注社会效益的实现，即不仅仅关注沙棘的碳吸存效益，更会顾及林农可能获得的林业经济收益，因此，从政府视角出发，沙棘的林地最大期望值可以表达为式（5-1）。

$$M = V + E = \frac{\int_0^t F(n) e^{-rn} dn}{1 - e^{-rt}} + \frac{p(t)f(t) e^{-rt} - s(1 - e^{-rt})/(1 - e^r) - c}{1 - e^{-rt}}$$

$$(5-1)$$

式（5-1）中，$F(n)$ 表示在时点 n 林木所实现的碳吸存效益，其他参数的含义参照第一章相关变量的说明。通过式（5-1）即可求出最优轮伐期 T_2。在考虑碳吸存效益时的最优轮伐期的基础上，就可以来讨论政府的行为决策。

对于政府而言，其行为决策原则比较简单，政府追求的是碳吸存效益的最大化，一旦造林树种确定，政府追求的碳吸存效益目标是既定的，此时政府的行为相当于实现既定的碳吸存效益时，选择最小的财政补贴资金支出，而其最大的支付界限即造林所形成的碳吸存效益，根据假设政府是需要为这部分效益买单的。基于这样的考虑，政府的行为决策如式（5-2）所示。

$$\int_0^{T_2} G_g(x) e^{-rx} dx = \int_0^{T_2} F(x) e^{-rx} dx \qquad (5-2)$$

式（5-2）中，$G_g(x)$ 表示 x 时刻政府愿意给予造林者或者农户的造林补贴额，$F(x)$ 表示 x 时刻林木所形成的碳吸存效益。因此，从政府视角出发确定造林补贴标准，关键就是确定碳吸存效益函数 $F(x)$，碳吸存效益函数确定之后，一方面可以求得最优轮伐期，另一方面也可以求得政府为追求碳吸存效益最大化所愿意支付的补贴的上限。

三　基于碳吸存视角的吴起县退耕还沙棘补贴标准

在政府财政支付能力有限的前提下，实施差异化的造林补贴政策，可以极大地激发造林主体的积极性，基于此思路，有些学者（曹超学、文冰，2009）不仅仅考虑区域的经济及社会特征，还考虑了碳汇生态效益，测算了退耕还林工程的生态补偿标准，但其研究中的碳汇效益是以退耕还林面积作为基准进行折算的，这样的计算方法是比较粗糙，也是不尽合理的。目前，针对碳吸存量的计算方法有许多，例如基于森林蓄积量、森林生物量、涡旋相关方法以及模型模拟方法等（简盖元等，2013）。由于考虑到 IBP 以及中国绿色碳基金均采用生物量方法核算碳吸存量，因此本书中碳吸存量也是基于森林生长所实现的实际的生物量来进行折算，进而得到相应的碳吸存效益。

沙棘是集经济生态效益于一体的灌木，按沙棘林经营目的的不同，可将其划分为防护林、薪炭林、经济林和放牧林四大类（星照华等，2001）。沙棘主要分布在我国西北部和西南部，黄土高原半干旱区有成片的沙棘林，既有天然林也有人工林（宋西德等，1991；毕君等，1993；阮成江、李代琼，1999）。

吴起县的退耕还林以沙棘灌木林为主要退耕树种（秦伟等，2008）。退耕还林工程的实施为沙棘产业的发展提供了有利时机，吴起县根据当地的自然气候条件，在退耕还林工程中营造了大面积以沙棘为主的生态林，在退耕还林中所占比重达到85%，是造林的先锋树种。吴起县是全国沙棘种植面积第一县，全县的沙棘面积达12.53万公顷，人均面积达1.07公顷（吴宗凯，2006）。

造林是指从林地清理、整地、栽植（扦插、直播）起直至幼林郁闭前全过程的种种措施的总和。[①] 对渭北黄土高原中部的实地实验研究表明（宋西德等，1991），植苗造林比扦插造林要高出三倍的生物量，因此营造沙棘人工林宜提倡植苗造林，并且在吴起县退耕还林过程中，所造生态林和经济林，均采用植苗造林，由政府统一采购优良树苗进行栽植。

（一）基于碳吸存的最优轮伐期的确定

森林资源的年消耗量和森林的轮伐期是实现森林可持续经营的重要手段，因此，研究森林资源的可持续经营利用，最关键的问题之一就是确定森林资源经营利用的轮伐期。森林的轮伐期是一个非常重要的指标，主要用来衡量林木资源的生产周期，它表示林木由正常的生长发育至可以采伐利用为止所经历的时间周期，也可以说明林分经过采伐后通过更新培育至再次可以采伐的年限（刘明志，2011）。已有研究（陈尔学等，1997）表明，通过净现值法确定森林的经济成熟期，所得结论是比较稳健的，因此本书中也采用净现值法去核算沙棘的最优轮伐期。在采用净现值法之前，首先要确定沙棘的净收益，本书中主要是指沙棘所实现的碳吸存效益，因此，确定沙棘的碳吸存效益成为确定沙棘最优轮伐期的关键。

1. 沙棘的碳吸存效益函数

一般来说，林木生长是累积性的，生长速度随林龄的增加经历"缓慢—增速—缓慢—最终停止生长"这样一种过程，生长呈

---

① 国家林业局发布《造林作业设计规程》，2004。

现"S"曲线特征（冯亮明，2006）。

张广华等人（2005）的研究认为森林资源价值包括经济价值和公益价值，两种价值界定如下：狭义的经济价值仅仅指立木价值，而广义的经济价值还包括碳贮量价值在内；公益价值包括保持水土、涵养水源、保护农田、防风固沙、调节气候、阻隔及消纳污染物、保护生物多样性、蒸发散量及降水量、光资源利用及湿地等。研究针对不同的价值采用不同的方法进行核算，其中经济价值主要采用碳税法或培育成本法，而公益价值主要采用工业成本法、机会成本法及水资源费等方法。

碳吸存量的估计一般应该以某特定区域内的平均立地条件、主要林木的平均价格水平以及林木的平均轮伐期作为一个基准（简盖元等，2013）来进行测算，由于本书主要是以生物量方法展开的，而关于沙棘生物量的研究又比较多且比较成熟，因此，本书中关于沙棘生物量的测算主要是基于已有研究。

阮成江和李代琼（1999）采用主成分分析法和多元回归分析方法，以沙棘生长因子为自变量、地上部分生物量为因变量，去筛选最优的沙棘地上部分生物量的估测模型，这一研究改进了非破坏性研究沙棘地上部分生物量的方法。星照华等人（2001）采用标准地调查法，以青海省大通县为例，得到沙棘生长模型。阮成江和李代琼（2001）采用收获法测定了安塞地区沙棘人工林的地上部分生物量，并分析了地上部分生物量的动态变化。考虑到吴起与安塞均为延安市下属的典型生态脆弱县，并且两个县均实施了许多林业生态工程，以保证区域的生态安全；两个县处于同纬度，且同为黄土高原丘陵地区，所以在本书中参考阮成江和李代琼（2001）的研究成果，将沙棘的生物量公式定义为式（5-3）。

$$f(t) = \frac{6.8925}{1 + 23.5565e^{-0.329t}} \qquad (5-3)$$

虽然该公式仅为沙棘地上部分生物量，但根据已有研究（宋西德等，1991），沙棘人工林生物量的积累主要在茎枝上，根和叶的生物量远远低于茎枝，而沙棘地上部分生物量主要积累在茎、枝、叶部分，因此选取沙棘地上部分生物量来代替沙棘整株生物量具有合理性和科学性。

由此我们可以推导出沙棘生物量增长量的公式为 $\Delta f = f(t) - f(t-1)$，也可以采用边际生物量来表示沙棘生物量的增长量，即

$$\frac{\mathrm{d}f(t)}{\mathrm{d}t} = \frac{53.4175\mathrm{e}^{-0.329t}}{(1 + 23.5565\mathrm{e}^{-0.329t})^2} \qquad (5-4)$$

将生物量的变化量乘以相应的单位生物量含碳量，即可得到沙棘的年固碳量，是一个关于时间 t 的函数，再乘以碳价，即可得到不同年度沙棘所实现的碳吸存效益。生物量与固碳量之间的关系为 $C = \dfrac{B}{2}$，即 $BEF = \dfrac{1}{2}$（国家发改委应对气候变化司，2013）[①]。为了简化计算，本书假设碳价为固定的常数，这里将固碳价格设定为 900 元/吨[②]。

此时，可以推算出碳吸存效益的价值函数为：

$$F(t) = \frac{\mathrm{d}f}{\mathrm{d}t} \times BEF \times P_C = 450 \times \frac{\mathrm{d}f}{\mathrm{d}t}$$

$$= \frac{24037.875\mathrm{e}^{-0.329t}}{(1 + 23.5565\mathrm{e}^{-0.329t})^2} \qquad (5-5)$$

但是不可忽略的事实是，对于碳交易市场来讲，碳价并非一成不变，而是根据碳交易市场的供给与需要波动的。因此，如果碳价发生变化，则本书所构建的碳吸存效益函数也会发生

---

① 根据 IPCC 2006 年温室气体清单指南，将生物量的变化值乘以干物质的碳含量，缺省值为草本生物量每吨含 0.47 吨碳，木材生物量每吨含 0.5 吨碳，我国《中华人民共和国气候变化第二次国家信息通报》中有关数据证实，生物量与碳之间的转化比率为 0.5。
② 采用瑞典的碳税率每吨 150 美元。

变化，进而会影响最优轮伐期的确定。并且已有研究（Englin and Callaway, 1995; Stainback and Alavalapati, 2002; Veld and Plantinga, 2005; Asante and Armstrong, 2012）中，关于轮伐期与碳价格的关系可以描述为：随着碳价的上升，轮伐期会随之延长。

　　2. 种植沙棘的收益与成本信息

　　由于沙棘林的特殊性，其林业产品主要有两类，一类是木材产出，另一类是非木质林产品。虽然沙棘林最终会提供木材，但其主要用于生活能源，所以根据第三章的研究可知，沙棘木材的价格为 52.74 元/立方米。而沙棘的非木质林产品主要是指沙棘叶与沙棘果，基于陕西省吴起县沙棘的实际经营状况，可以推知因沙棘叶单位面积产量为 1452.75 公斤/公顷，价格为 1 元/公斤，而沙棘果盛产期的产量为 4928 公斤/公顷，价格为 2.6 元/公顷，并且从第 15 年起，沙棘林只有沙棘叶产出而无沙棘果产出。

　　3. 折现率的确定

　　虽然在碳吸存量的核算过程中，折现率的确定问题仍然存在争议，然而对于碳吸存量或者碳吸存效益进行折现是非常必要的（Price and Willis, 1993; Fearnside, 1995; Marland et al., 1997），折现率的确定会直接影响净现值的大小（陈尔学等，1997）。在国外，许多机构对于长周期的生产经营活动的折现率有不同的规定，例如美国农业部林务局，将长周期的林业服务投资的税前利率规定为 4%（Row et al., 1981），但在英国，财政部则建议使用逐步递减的长周期折现率，第 31～75 年的折现率为 3%，第 76～125 年的折现率为 2.5%，第 126～200 年的折现率为 2%，第 201～300 年的折现率为 1.5%，超过 300 年的折现率则为 1%（HM Treasury, 2007）。国内的学者们，也根据研究目标及对象的不同，对于林业生产经营过程中的折现率给予了不同的界定与赋值。李晓光等（2009）根据中国国债2008年7年期票面利率，将贴现因子确定为3.95%。王小玲等（2013）在计算考虑碳汇收益的林地期望值时，将中国林业行业基准贴现率作为依据进行计算，该标准贴现率为5%（王周绪、姜全飞，2006）。黄和亮等（2007）根据工业原料林项目所申请贷款的利率基准，综合考虑其他申请过程的费用以及风险因素，将投资贴现率确定为6.67%。根据《林业贷款中央财政贴息资金管理规定》，于金娜和姚顺波（2012）将退耕还林补贴标准中确定的折现率确定为4%，而简盖元等（2013）认为森林实现碳汇效益过程中，成本核算时贴现率一般取5%。由于本书主要针对退耕还林展开，因此，在本书中主要参考于金娜和姚顺波（2012）的研究，也将折现率确定为4%。

4. 基于碳吸存效益的林地最大期望值的实现条件

基于本书的相关假设，政府追求的政策目标为考虑碳吸存效益的林地期望值最大化，而木材收益与碳吸存效益应该成正比例，即森林的碳吸存效益实现最大化也就实现了林地期望值的最大化，因为木材的收益跟碳吸存效益一样，同样是基于森林的生物量计算得到的，所以整个林地的期望值也会随着森林的消长而呈现消长趋势。在无穷多个轮伐期前提下，考虑造林环境效益的林地期望值最大化（本书侧重于研究碳吸存效益，故这里也指碳吸存效益最大化），可以通过式（5-1）实现，而求解式（5-1）可以通过令其一阶条件为零，表达为式（5-6）。

$$p'(t)f(t) + p(t)f'(t) = r\left[\frac{p(t)f(t) - c - \int_0^t F(n)e^{-rn}dn}{1 - e^{-rt}}\right] - F(t)$$

$$(5-6)$$

式（5-6）中，林龄 t 为待估参数，而 r 为折现率，e 为常数，而 $\int_0^t F(n)e^{-rn}dn$ 是已知碳吸存效益函数的简单定积分，根据上文分析，$F(t)$、$f(t)$、$p(t)$ 全部是关于林龄 t 的函数。因此，要确定最优的轮伐期，就需要确定折现率 r，并且折现率的确定是一个非常关键的因素。

根据上文已知的信息，将 $F(t)$、$f(t)$、$p(t)$ 代入式（5-6），即可得到 $T^* = 34$，即第34年就是考虑碳吸存效益的最优轮伐期。已有的研究（Penttinen，2000；Alvarez and Koskela，2003，2007；Chladná，2007；Limaei et al.，2011；Asante and Armstrong，2012）中，关于轮伐期与折现率的关系，可以归结为：随着折现率的增加，轮伐期会呈现下降趋势。考虑到折现率的选取会影响轮伐期的长短，因此，研究最优轮伐期的选取对于折现率的敏感性就非常有必要，可以通过敏感性分析检验实证分析中得到的最优轮伐期的稳定性。

（二）最优轮伐期的敏感性分析

以上分析中所采用的数据，例如折现率（或者说是资金时间坐标）、碳价格等都是在一定的社会经济前提下通过测算和估计得到的，而轮伐期的计算则是以此为基础得到的。但在实际中，外部的经济社会条件经常发生变化，因此各个因子具有不确定性，即有可能发生变化，如果研究中不考虑这些因素可能发生的变化，则基于这些因子而得到的最优轮伐期从统计意义上讲是低信度和低效度的。因此，就需要针对折现率及碳价等因素进行关于轮伐期的敏感性分析，通过敏感性分析，如果可以得到适应不确定性因子变动的稳定的轮伐期，则可以提高政策设计的稳定性，降低政策执行的风险性。

已有研究表明，碳的价格以及资金时间价值的变动，均会影响追求自身效用最大化的造林者所面临的林业经营决策（朱臻等，2013），在本书中林业经营决策主要是轮伐期的确定。在某些特殊情况下，轮伐期对于碳价和折现率是非常敏感的（Díaz-

Balteiro and Rodriguez，2006），因此碳价和折现率两个因素在决定轮伐期时具有重要作用，而在本书中，关于最优轮伐期的敏感性分析，当然是其对于碳价或者折现率的变化越不敏感越好，因此敏感性越差说明最优轮伐期的计算模型越稳健，越稳健的模型得到的结果可信度就会越高。

在本书中测算最优轮伐期，涉及的变量主要有碳价、折现率（资金时间价值）及林木的生长情况，但考虑到本书中的沙棘生长函数是直接引用已有研究，则可视该部分为外生变量，或者将该部分视为确定已知的变量。其他两个变量，则直接关乎碳吸存效益的价值，进而决定考虑碳吸存效益的最优轮伐期的确定，因此，本书主要考虑折现率与碳价对于最优轮伐期的敏感性。

1. 对碳价的敏感性分析

碳价的估算在碳吸存经济价值的测算中占据重要地位（王小玲等，2013），并且许多研究均表明，碳价的波动会影响到最优轮伐期的确定（朱臻等，2013），本书的模型中碳价是取了常数，但根据国际碳汇交易市场的情况，碳价还是会有小幅度的调整与变化的。因此，本书就满足研究需要，基于实证数据进行了关于碳价格的敏感性分析，以确定本书中实证结果的稳定性。其分析结果如表 5 - 1 所示。

表 5 - 1　基于碳价的敏感性分析

价格的浮动	720 (-20%)	765 (-15%)	810 (-10%)	900 (0)	990 (+10%)	1035 (+15%)	1080 (+20%)	1170 (+30%)
T^* [①]	33.17	33.36	33.54	33.87	34.18	34.32	34.45	34.7
$Ro(T^*)$ [②]	33	33	34	34	34	34	34	35
ΔT^* [③]	-2.07%	-1.51%	-0.97%	0	+0.92%	+1.33%	+1.71%	+2.45%
w	0.10	0.10	0.10	—	0.09	0.09	0.09	0.08

———————

① 保留两位小数时的最优轮伐期。
② 根据四舍五入法得到的最优轮伐期。
③ 与基准水平相比，在碳价发生变化后，最优轮伐期的变动率。

该结果说明，即使碳的价格进行波动，当浮动比例在 [−10%，20%] 范围内时，并不影响最优轮伐期的确定。通过计算最优轮伐期针对碳价的弧弹性可以看出，在碳价提高或者降低 20% 的范围内，当碳价降低时，弧弹性稳定在 0.1 的水平，而当碳价上升时，弧弹性则稳定在 0.09 的水平上。从弧弹性的大小可以看出，在一定的范围内，最优轮伐期与碳价呈正相关关系，这与已有的许多研究成果（Englin and Callaway，1995；Stainback and Alavalapati，2002；Veld and Plantinga，2005；Chladná，2007；Asante and Armstrong，2012）保持一致，但是其对于碳价并不敏感。通过敏感性分析，也可以说明本书中所得到的最优轮伐期结果具有一定的稳健性。

2. 对折现率的敏感性分析

本章研究所得的最优轮伐期是基于不变折现率的假设前提，但是从实证研究中可以得出，折现率是随着时间而发生变化的，尤其对于林业而言，对于生长相对慢的林种，造林投资是一个长周期的投资项目，而折现率作为资金的使用成本则成为机会成本的一部分，因此折现率的大小至关重要（Alvarez and Koskela，2003）。折现率的变动不仅直接影响最优轮伐期的确定，而且可以通过影响碳价进而间接地影响最优轮伐期的确定。因此，在研究碳价对于最优轮伐期影响的前提下，进一步探讨折现率如何影响最优轮伐期的确定，通过敏感性分析，折现率对于最优轮伐期的影响是一种综合的作用，既包括其直接影响也包括其间接影响。在本书中，主要讨论当折现率浮动 40% 时（包括上调 40% 也包括下调 40%），最优轮伐期的变化情况，结果见表 5 −2。

通过敏感性分析，发现最优轮伐期与折现率的变动呈现负相关关系，这与已有的研究成果（Penttinen，2000；Alvarez and Koskela，2003，2007；Chladná，2007；Limaei et al.，2011；Asante and Armstrong，2012）保持一致的结论。并且当折现率的变化率

表 5 - 2 基于折现率的敏感性分析

折现率的浮动	2.4% (−40%)	2.8% (−30%)	3.2% (−20%)	3.4% (−15%)	3.6% (−10%)	4% (0)	4.4% (+10%)	4.6% (+15%)	4.8% (+20%)	5.2% (+30%)	5.6% (+40%)
T^*	34.59	34.40	34.22	34.13	34.04	33.87	33.71	33.63	33.55	33.39	33.24
$Ro(T^*)$	35	34	34	34	34	34	34	34	34	33	33
ΔT^*	+2.13%	+1.56%	+1.03%	+0.77%	+0.5%	0	−0.47%	−0.71%	−0.94%	−1.42%	−1.86%
w	0.05	0.05	0.05	0.05	0.05	—	0.05	0.05	0.05	0.05	0.05

在〔-40%，+40%〕范围内浮动时，并不会影响最优轮伐期的确定，即在该范围内，本书所得的结论是稳健的。

（三）基于碳吸存的造林补贴标准的确定

已有研究表明，基于碳汇目标的森林经营方案会改变农户的经营行为，其中最重要的一项是很有可能延长森林轮伐期（Stainback and Alavalapati，2002）。这一点在本书中也得以验证，如果不考虑碳吸存效益，农户的私人轮伐期是 21 年，而本章考虑碳吸存效益之后，森林的最优轮伐期延长至 34 年。

得到最优轮伐期之后，代入碳吸存效益函数式（5-6）中，即可得到 34 年间共计实现的碳吸存效益的净现值为 39591.40 元，其中每年的碳吸存效益可以用 $F(t)$ 表示。

在得到碳吸存效益价值之后，同时结合第三章和第四章所确定的 $G_f(t)$ 及 T_1，将这些已知的参数代入式（5-2）中，式（5-2）是根据相应的假设构建的恒等式，从理论上讲，如果政府愿意支付的最高水平，即森林所实现的碳吸存效益，能够大于农户的补贴诉求，则该等式得到的解是具有经济学意义的，即政府会按照该补贴标准对农户进行补贴，可以充分激励农户参与造林项目。

从理论上讲，森林每年所形成的碳吸存效益应该作为政府给造林者的补贴，即政府的造林补贴是一个与时间相关的函数，随着时间的变化发生变化，但在实际操作中，国家现有的许多补贴政策均是以年金的形式发放，所以本书也将碳吸存效益所形成的净现值总额，以年金的形式折算到 34 年间，这样可以得出 39591.40 元的年金是 2173.64 元／（公顷·年），运用四舍五入的方法，将数字按整数来处理，因此，基于碳吸存效益的最大化，政府愿意补贴的标准为 2174 元／（公顷·年），共计 34 年，即 $G_g(t)$ = 2174 元／（公顷·年），T_2 = 34 年。

四　小结

　　本章主要从政府的角度出发，通过补贴来引导林农进行轮伐期管理，以实现造林项目的碳吸存效益。本章首先从林种的生长函数出发，推导出该林种的碳吸存效益函数，进而得到实现碳吸存效益最大化时的最优轮伐期，并将该轮伐期作为政府期望农户将林木维护立木状态的最低年限，而林种所吸存的碳效益则为政府愿意购买或者支付的造林外部性。基于此思路，仍然使用陕西省吴起县的退耕还林还沙棘树种为例，进行实证分析，得到基于政府视角的补偿标准为：2174 元/（公顷·年），共计 34 年。

第六章 ◀

基于政府－农户自愿环境协议的
造林补贴标准

　　从短期来看，农户利益和政府利益存在较大的冲突，在造林项目中，农户在造林初期承担了过多的直接成本，主要表现为退耕土地的经济收入变化以及土地经营权和收益权的弱化，尤其是退耕后营造生态林的农户，将完全丧失大部分的土地经营收益（曹世雄、高旺盛，2004），而政府的目的则是要保护造林成果、实现生态价值。但是这种短期内双方目标利益上的冲突是可以通过一定的机制来协调解决的，这也是政府对造林农户进行直接现金补贴的重要原因。作为造林补贴机制中的两个利益主体，其各自的利益在补贴标准的确定中成为首要考虑的前提，只有在补贴标准的确定中实现了林农与政府的激励相容，才是科学合理的，而自愿环境协议方式正好具备这样的属性，它就要求利益双方进行平等协议，以达成双方共同接受的合理的标准。

　　本章就试图将自愿环境协议的方式引入实现碳吸存效益的造林项目，以期得到造林的最优补贴标准，通过最优造林补贴去激励农户参与造林并进行最优轮伐期管理，最终实现碳吸存效益最大化，以应对全球气候变化的大趋势。

一　自愿环境协议的产生及应用

　　长期以来，政府以公众代理人的身份借助权力的优势，利用"命令－控制"的方式来进行自然资源的直接管理，虽然取得了一定成效，但这并不意味着政府管理的完备性，并且全球气候的变化以及自然资源的利用方式转变，对政府的传统管理角色提出了巨大的挑战（崔旺来、李百齐，2009）。从世界范围来看，私有林业保护中的强制性政策已经引起了土地所有者的抵抗，因此，实施高效率的林业保护行动，环境管理机构与土地所有者的合作就成了必要前提，而其中一种新兴的解决方法就是借助自愿环境协议（Juutinen et al.，2008）。是否采纳自愿环境协议这种新型的公私联合型环境控制工具，无论是发达国家还是像中国这样的发展中国家都认为，自愿性工具是当今的唯一选择（Hoog，1998）。自愿环境协议在中国同样具有非常重要的功能定位：首先，它可以提高整个社会的环境绩效；其次，可以有效地降低行政成本；最后，它可以替代立法进行环境管制（李程，2011）。

　　自愿环境协议（Voluntary Environmental Agreements，VEAs）是企业（或组织）与政府或非营利部门之间达成的，非受制于法律约束而是自愿性的，旨在提升环境质量或者提高自然资源使用效率的协议。从法律角度出发，自愿环境协议的内涵可以表达为：行政机关或者政府与企业、行业或者个人在意思表达一致的基础上缔结的，用于实现高于法定标准或者尚未立法规定的环境目标的一种合同（李程，2011a）。在自愿环境协议中，政府多发挥其行政职能，为企业或者行业履行自愿环境协议提供各种政策支持与优惠；而企业或行业则是自愿环境协议中议定的环境目标的实现主体。不可忽视的一点事实是，企业或行业与政府签订了自愿环境协议，并不代表其放弃追求自身经济利润最大化的目标，但这就与政府或者行政机构签订协议的初衷——实现全社会的公共利益存在较大差别。自愿环境协议最重要的目的就是实现生态环境的可持续发展和资源能源的永续利用。在中国，环境立法长期处于"失灵"[①]的状态，这就使得利用环境协议去弥补环境立法不足，从而提升公共环境利益成为一条必由之路（李程，2011b）。2007 年 7 月 20 日，在中国绿色碳基金的资助下，我国开发并建立了基于自愿协议的碳汇市场，但该市场的正常运作并没有成熟规范的交易体系和配套的管理政策（武曙红等，2009），因此基于自愿环境管理手段建立的碳交易市场的成长及发展有待进一步的探索。

　　根据已有研究，自愿方法已经被用于许多领域，例如有许多文献研究国际贸易中的自愿性出口限制，也有不少文献研究关于减少农业污染的政策，其中最引人注目的是将自愿环境协议用于农业水土保持以及其他侵蚀控制项目，例如美国的休耕计划（Segerson and Miceli，1998），主要是利用成本分摊和其他财政诱因（而不是强制命令式的威胁）尝试引导农户自愿地减少污染排放。在奥地利，自愿环境协议用于森林保护以实现生物多样性的目标（Frank and Müller，2003）。芬兰于 2003～2007 年试点实施了一种新的基于市场交易的自愿项目——自然价值交易（Trading in Natural Values，TNV），该项目以芬兰的私有土地为实施对象，其主要目的是保护私有土地上的林业栖息地。该项目的开展是基于土地所有者与政府签订的定期协议，通过这些合同，森林所有者保护他们的土地以实现生物多样性，从而获得相应的补偿，例如，获得租金。TNV 项目旨在创建被全社会，尤其是森林所有者广泛接受的生物多样性服务市场，因此该项目不仅仅在政策上可

---

　　① 　此处"失灵"是指环境立法欠缺执行力度。

行，同时符合成本效益原则（Mäntymaa et al.，2009）。

许多理论研究已经分析了在自然资源保护中利用自愿环境协议的有效性（Stranlund，1995；Polasky and Doremus，1998；Segerson and Miceli，1998；Wu and Babcock，1999；Innes，2000；Smith and Shogren，2002；Langpap and Wu，2004）。自愿性项目的有效运用依赖于理解土地所有者参与项目的动机，这些信息可以有助力于项目更加有效地向目标林地所有者进行瞄准和推广（Mäntymaa et al.，2009）。Segerson 和 Miceli（1998）建立了一个管制者和污染者的互动模型，研究最终达成的协议是否两者相互作用的结果，以及最终协议是否达成预期的环境保护效果，他们通过研究发现，自愿协议的全面环境影响取决于以下几个因素：双方议价能力的大小、环境威胁（强制性控制——"大棒"策略或者成本分摊补贴——"胡萝卜"策略）的严重程度以及资金的社会成本。Maxwell 和 Lyon（2001）从制度经济学角度分析了美国自愿环境协议的产生机理。Smith 和 Shogren（2002）研究了非对称信息下的最优激励机制，而机制直接决定政策的成果。基于未来保护效益的不确定性、物种栖息地丧失和物种灭绝的不可逆性，Langpap 和 Wu（2004）分析了自愿协议的产生时机和自愿协议所产生的保护效果。他们的研究表明，协议达成的可能性和最终达到的保护效果取决于以下三个要素，即调控的背景威胁、自愿协议的成本优势以及关于未来调控保证的可用性。以上研究均一致认为自愿环境协议的有效性是受许多因素影响的，例如政策调控的背景威胁、合同方案、配套公共服务、政府财政支出的无谓损失、项目的参与者数量、自愿环境协议提供的成本优势以及议价能力的分配等。因此，自愿协议的效率取决于不同情境下的特定因素，要将这些结果进行总结归纳存在一定的难度，这就需要通过实证分析去验证这些理论上的发现。之后学者们就纷纷从实证视角展开对自愿环境协议的研究。

　　针对自愿环境协议的实证研究主要集中在三个方面。第一个方面是许多学者对自愿环境协议产生机理进行的研究，探索自愿环境协议是否环境管制者和污染者共同作用所达成，经过研究得出了具有普遍性的结论，即企业或行业联盟（环境污染者）为了规避更为严格的法律法规，才选择自愿环境协议并遵照执行（Segerson and Miceli，1998；Maxwell et al.，2000；Alberini and Segerson，2002）。秦颖和庞文云（2007）从社会福利最大化视角，对自愿环境协议产生的经济机理进行了分析，构建了一个纯威胁模型，并利用该模型分析了企业在污染治理方面是如何与政府进行博弈，并最终达成自愿环境协议的，其研究得到的最重要的结论是：自愿环境协议下的污染治理水平要明显高于强制性手段下的治污水平，并且法律法规的威慑足以促成企业与政府关于治理污染目标的自愿环境协议达成。第二个方面是运用比较政策分析法去分析自愿环境协议的效率及效果，例如 Stranlund（1995）针对回收的情形比较了自愿遵守制度和强制性制度的使用，研究认为强制性制度是否优于自愿制度主要取决于公众支持减少遵守成本的努力特征，但是在其研究的模型中，自愿性的环境协议通过政府的成本分摊机制来进行积极激励农户参与项目。Wu 和 Babcock（1999）将 Stranlund 的模型进行了拓展和一般化处理，基于修改后的模型判断农业环境的面源污染中强制性制度和自愿性制度哪个更有效率，针对不同的生态保护项目展开了研究。但是以上研究都是在假设产生同样环境保护效果的前提下展开比较的，所以之后学者的类似研究就逐步地放宽了这种假设，从不同的视角进行了比较研究，例如，基于已有的关于自愿环境保护与强制性手段的特征比较研究。Alberini 和 Segerson（2002）讨论了在自愿环境协议政策评价或评估过程中所凸显的理论和实证方面的问题，还研究了自愿性环境管理手段的环境效果和自愿政策效率，并识别出了影响自愿环境协议效率和效果的关键性因素。Rivera

（2002）首次利用横截面数据，用实证方法分析发展中国家发起的自愿环境保护项目——CST①（哥斯达黎加可持续性旅游认证项目，The Costa Rican Certification for Sustainable Tourism），研究中特别关注了宾馆参与 CST 项目，研究结果表明，被论证为具有较高环境绩效的宾馆，往往与获得价格溢价的差别化优势具有明显的正相关关系；参与 CST 项目与高价位和大规模并不显著相关，但是与政府的监督、行业协会会员以及宾馆关注的绿色观念的消费者等因素显著相关。许多研究者还评价了美国自愿环境保护项目中企业的参与行为，通过实证研究得出不同的激励企业参与的措施以及评价了不同项目的环境效果（Andrews，1998；Khanna，2001；Highley and Leveque，2001；Kollman and Prakash，2002）。通过与传统的自上而下的生物保护管制项目比较，Siikamäki 和 Layton（2007）评价了生物保护的激励性补偿项目的潜在成本效益。利用芬兰 TNV 试点项目②的数据，Juutinen 等人（2008）从实证角度研究自愿协议的效率，具体来讲，是从环保

---

① CST 是第一个由发展中国家创立的基于绩效的自愿环境保护项目。

② TNV 全称为 Trading in Nature Values，即自然价值的市场化交易项目，是芬兰在国内运用自愿环境协议去保护国内森林的生物多样性的首次尝试。该项目是由土地所有者和代表芬兰政府的权力机关相互协商，最终达成自愿的环境协议，此环境协议是一个基于政府有限预算的定期合同，通过此协议，森林所有者利用自己的土地去提供生物多样性服务和因此项服务而获得生态补偿。换句话讲，政府租赁土地所有者的林地以实现森林的生物多样性。芬兰官方的文本将 TNV 定义如下。自然价值的交易项目是这样一个过程，土地所有者或者其授权的代理人与政府达成维护或者改善其林地的特定自然价值的协议，作为回报，他们会从这些自然价值的"购买者"那里获得定期的补偿，而这些"购买者"包括政府或者林业保护基金会。自愿协议的签订可能会被界定在特定的区域，而在这些区域内要求土地所有者去保护稀有物种或者维护生物多样性等具体内容（例如死掉的树木和腐烂的树木）。自愿协议基于买家和卖家的需求而达成，该协议在一定的期限内具有法定效力，或者有新的规定出现才会结束该协议的法定效力。当自愿协议终止时，纳入 TNV 项目的土地如何利用则由土地所有者视其情况决定。合同签订初期，政府将一次性支付所有的补偿额度，并且这些补偿款是免税的。

部门视角出发，分析了购买①和租赁保护区域哪个更有效率，即哪种方式下实施生态保护会支付更低的成本（包括直接成本和交易成本），并得出一些重要结论，因为土地购买和土地租赁所发生的成本水平非常接近，因此，在 TNV 中竞争性招投标过程并不能有效地发挥作用；另外，在利率水平高于 5% 时，自愿性手段明显优于强制性手段，且自愿协议下针对每项合同的交易成本远远低于强制性手段下的交易成本，因为后者需要支付调查及监督费用。这些研究表明，在保护项目中利用单一的定价规则会比非线性定价规则支付给土地所有者更多的补偿，除此之外，基于激励的政策会比传统的自上而下的政策具有更高的效率，但是要实现自愿环境协议的潜在效益，主要依赖于现实中政策的执行方式。第三个方面主要是研究土地所有者参与激励性保护项目，例如分析哪些因素影响所有者参与土地保护项目（Lynch and Lovell，2003）及林地保护项目（Langpap，2004）。Mäntymaa 等人（2009）同样针对 TNV 项目，主要分析了哪些因素影响实际的补偿诉求，因为补偿水平直接决定 TNV 项目的效率水平。并且，随着时间的推移，学者们对自愿环境协议的研究在逐步细化，而且其运用范围也在不断地扩展。

国内也有学者就自愿环境协议的产生、概念和发展历程进行了综述，并试图从法律角度来研究自愿环境协议的特征（马品懿等，2006）。我国目前开展的自愿环境协议项目中可以运用的激励性措施较少，除了针对清洁生产方面有所规定，其余政策中涉

---

① 在 Juutinen 等人的研究中，购买土地被定义为在特定的土地上实现永久的森林生物多样性保护，此种方式代表强制性的环境管理手段，同时，以自愿方式的土地租赁实现森林生物多样性是针对特定期间的。其研究也假定政策制定者的目标是实现永久的环境保护，且自愿协议在合同到期后可以进行续约，从而开始下一轮的基于自愿环境协议的生态保护，这样，基于自愿环境协议的土地租赁方式就可以与通过土地购买的强制性环境管理方式具有同样永续的保护时间段，利于进行两种方式下项目成本的比较。

及如何促进自愿环境协议机制的实施尚未有相关规定（董战峰等，2010），而针对清洁生产方面的自愿环境协议的应用，国内主要集中在工业企业的节能减排方面。宋妍（2013）针对工业企业的节能减排环境目标，模拟了自愿环境协议的最优经济规模边界，并认为通过数值模拟，由大量企业共同参加的合作性自愿环境协议可以达到节能减排的效果，这种可能性较低，但只要排污的工业企业总预算大于那些进行环保投入企业的平均努力程度，总能促成自愿环境协议的达成及有效实施。同样是针对企业的污染治理，秦颖和庞文云（2007）认为税收和补贴等因素是双方在自愿环境协议中讨价还价的动力，并且会影响最终污染治理的效果。针对减少污染排放，虽说在现阶段可以采用政府主导的以市场为基础的环境管理办法，但必须结合企业参与的自愿环境协议，才能实现减少污染的最优成效（丁辉，2010）。

综上所述，我国自愿环境协议主要应用于排污工业企业是否参与环境保护，以实现节能减排的目标：排污企业如果自愿参与环境保护协议，将会获得相应的财政补偿或者将会被减轻甚至免除对其环境治理的税收；反之，如果不参加环境保护协议，造成了环境的污染，将会被政府施以惩罚，而企业则会依据利润最大化的原则，在这两种行为之间取舍，因为两种选择会给企业带来不同的收益和成本。但是，在我国将自愿环境协议这种模式用于生态补偿方面的实践较少，考虑到自愿手段会比自上而下的行政命令手段效率高，本书尝试将该方法纳入生态补偿领域，特别是本书所关注的造林补偿项目，即基于自愿环境协议去制定科学合理的造林补贴标准。

二　基于自愿环境协议的分析框架

（一）假设前提

根据已有研究（朱臻等，2013），在经营强度不变的前提下，增加碳汇的经营目标，并不能改变仅仅考虑木材收益的最优轮伐期，当然此结论的前提是，木材的收益远远高于碳价。但是就目前而言，木材价格与碳价两者孰高孰低尚无统一定论，因此，本书仍采用国外许多学者的研究成果，即实现碳吸存效益会延长林农的私人轮伐期。并且朱臻等（2013）的研究表明，在劣等土地上投资造林，所具备的潜在碳吸存效益巨大，因此推动立地条件差的农地转化为林地，进行碳汇项目造林具有重大且深远的意义。

为了通过造林实现碳吸存效益的环境管理目标，在自愿环境协议的大背景下，本书首先讨论碳汇效益的需要和供给影响因素。而通过已有研究，可以总结出影响碳汇效益供给的主要因素包括以下几个方面：首先是木材的生产力，这直接决定着林农将其林木作为碳汇源的机会成本大小；其次是木材交易市场，这直接决定着木材的价格，林业经营管理的目标也会影响碳汇效益的供给，因为林业经营管理是基于林业蓄积量水平而非林分水平；最后，森林所有者的偏好直接决定着补偿诉求（Mäntymaa et al.，2009），因为具有环保意识的林地所有者会更关注于林业的生态效益，与过分关注木材经济收益的林地所有者相比，他们可能需求更低的补偿。也就是说土地所有者的偏好决定了其对森林的非消费性效益的估价（Karppinen，2000；Horne et al.，2004），如果土地所有者是环境友好意识强烈的人，则其认为从森林所获得的生态效益价值非常高，此时其只需要较低的补偿，就愿意参与到自愿环境协议中去，反之，如果土地所有者并不重视环境效益，则其认为保持森林立木状态并不能给自己带来很大的效用，则其补偿诉求需要能够补偿其木材收入的所有损失。在这里为了研究的方便，并且也综合了国内农户的一些特征，认为将农户对于环境的偏好定义为中性较合理。

基于自愿环境协议的环境管理过程，对于政府而言，其生态补偿责任与传统强制方式下的责任有所区别：主要体现在政府主要致力于构建有效的生态管理纯净机制、强化公务人员的生态责任以及健全生态管理专家的决策参与机制（刘琨，2010）。政府可以通过对政策的控制来影响制度追随者的生产选择行为，而生产者的行为选择则直接决定政策的效果（朱蕾、吕杰，2007）。所以就有必要对生产者和政府的行为进行相应的假设约束，以便于研究的进行。

经济学家一致认同农户的理性行为，简单地讲，意味着农户追求其效用函数或者利润函数的一致最大化（Becker，1962）。假设森林所有者的目标是实现他们土地上的最大净收益（Hartman，1976），这些收益既包括经济收益，也包括主观价值，因为森林同时提供数量巨大的林产品和林业生态服务。在这些林产品和服务中有许多是不具备市场价值的，例如碳汇，尽管现在有些国家已经开始进行了碳排放交易，但在全世界范围内，一个比较规范的、得到国际认可的碳交易市场并不存在。林地所有者强调森林生态效益并不意味着其放弃了对于木材产品的追求（Karppinen，2000）。因此，这里假设林地所有者要么将他们的土地用于木材生产，要么将他们的土地提供给生态保护项目。不同的林种具有不同的生态特征和木材生产可能，这里根据 Smith 和 Shogen（2002）的研究，同样假设政府的目标是实现生态项目社会效益最大化（朱蕾、吕杰，2007），并且政府会支付愿意保护森林的土地所有者不同数量的补偿。

生态保护项目实施的过程，主要是从保护森林的目的出发，林地所有者与政府共同推动项目开始、进展，直至终止。由于市场无法完成生态服务的交易，则必须通过政府的干预进行生态服务的交易（陈祖海，2004）。Wunder（2005）将生态补偿定义为一场双方自愿的交易，这得到了学界的一致认可；其定义还明确界定了生态服务或持续提供某种生态服务的土地利用形式，同时假设市场上至少存在一个买家和一个生态服务的供给者，而且供给者要能保证持续地提供该生态服务。在造林项目中，本书主要假设，造林者为社会提供碳吸存的生态效益，而政府则作为整个社会的代表成为碳吸存效益的买家。因为本书是将自愿环境协议引入林业的生态补偿中，因此根据已有研究，本书也将这个过程描述为一个虚拟的市场交易过程，由林地所有者将他们需要保护的林地或林木提供给政府，由政府来选择参与保护项目的林木，并以合同约定支付给这些土地所有者相应的补偿（Gustafsson and Nummi，2004）。自愿性环境协议的背景假设是"自我管制"，但考虑到中国的实际国情，这并不意味着自愿环境协议可以完全取代强制手段，因为强制手段的存在是自愿环境协议发生效用的重要外部因素，即自愿性环境协议发挥效用的前提之一就是加入政府强有力的管制（王惠娜，2010）。因此，尽管是自愿环境协议，也必须结合政府管制的强有力参与。但是不可忽略的一点是，即使政府需要参与，但在林业生态效益这种公共产品的提供过程中，政府的定位并非强有力的管理者的角色，而其主要角色是一个公正的协调者（王镓利等，2013）。

政府的补偿资金有限，不可能针对森林发挥的所有生态效益进行完全补偿，因此，政府在进行生态效益补偿时需要通过相关政策对生产者产生影响（朱蕾、吕杰，2007），并根据生产者对于政策的响应来进一步完善森林生态效益补偿制度。政府在推行相关制度和实施环境保护政策时，本书假设其政策目标是实现既定环境保护效果时保证成本的最小化（Juutinen et al.，2008）。

本书考虑的自愿交易，其前提是信息透明，即政府知道林农造林的机会成本及受偿意愿，而林农也清楚政府的最高支付意愿。在此基础上，由政府规划造林项目的主要内容及执行细节，有意向参与造林的农户向政府提交申请书，其中包括农户愿意接受的最低补偿额度及该补偿额度确定的依据。政府则参考自身的支付意愿，根据农户提交的申请书，再结合当地的造林区位环境及当地的生态环境情况，组织专家进行评估，来决定该农户所在区域是否有造林必要。如有必要，则农户与政府进行协商，最终达成自愿环境协议，在协议到期之后，农户可以自由决定其土地利用决策，但在协议规定的期限内，必须按照政府的相关规定进行造林营林活动，并获得相应的补偿额度。如在协议执行期内，造林农户违反规定，则需要返回已经收到的造林补贴及其利率收入，作为违反协议规定的惩罚。

项目以林地所有者的自愿参与为基础，与政策制定者签订定期的合同，以保证项目顺利实施。造林项目的可持续性关键在于政府采取的造林补偿机制和造林补偿政策能否与农户的决策及行为激励相容。

假定造林补贴制度的执行费用为零或者说其交易成本为零，这可以基于已有研究（Juutinen et al.，2008）的相关成果，即通过直接购买的方式获得土地所有者的土地，实现森林的生物多样性保护，交易成本仅占项目实施总成本的7%～9%，所以通过自愿环境协议来实现森林生态效益的交易成本较小，可以忽略不计，并且国内也有学者（邓晓红、徐中民，2012）在其研究中，假设交易成本和实施成本为零；假设政府可以观测到造林者的投资行为（朱蕾、吕杰，2007）。

（二）理论框架构建

参照芬兰实施的 TNV 项目（芬兰南部森林生物多样性项目 METSO 的一个部分），本书也将基于自愿环境协议去构建造林项目生态补偿的理论框架，但构建的框架与之存在差异，原因是我们假设我们已经选定了自愿环境协议项目的实施地，即急需通过造林或者对林地进行合理的经营管理以实现政府需要的某种生态价值。在该区域，会先对当地拥有土地的农户进行项目实施流程的培训，让农户了解和熟悉该项生态政策的实施是基于他们的自愿参与，并告知其参与的原则，使每个人都能够充分地表达其参与的意愿及最低的受偿意愿，政府也会提出其提供补偿的前提是农户的土地利用行为①必须达到政府期望的生态效益，此时农户与政府处在平等的地位进行自由协商，最终由农户个人与政府或者相关林业机构签订自愿环境协议，只要农户遵守协议规定，进行土地合理利用，实现相应的森林生态价值，则政府或林业机构会为这部分生态价值买单，即定期发放补贴。待合同期满后，农户可以选择续约，也可以选择不再参与到基于自愿环境协议的生态保护项目中，此时林地上的森林由农户自由地决定其使用方式。这里当然是基于理性农户的假设，所以即使合同到期，农户也不会滥砍滥伐，因为农户也会考虑到自己土地的可持续利用。实质上，本书中也可以把自愿环境协议视为一个竞争性投标的过程，因为许多农户同时提交自己参与生态保护项目的意愿及其最低的受偿意愿，而从理论上讲，政府可以对不同的农户支付不同的补偿额度，实际操作中，为了减少交易成本，政府往往在同一区域选择统一的补偿标准。考虑到预算的约束，那些受偿意愿特别高的农户，政府将不会纳入项目。通过这样的过程可以节约许多交易成本和避免一些不必要的冲突与矛盾。因为用传统的强制性手段进行环境控制，总是先由政府出台政策，私人部门根据政策采取相应的措施，然后环境管制的成果则是由双方的行为博弈来决定，虽然中国政府的议价能力超过私人部门，面对政策的惩罚措施，私人部门往往通过降低努力程度去应对政府的环境管理制度，但自愿环境协议颠覆了这种机制，它是由私人部门首先发出信号，表明自己有自愿进行环境保护的意愿，并基于此提出自己需要的最低的补偿标准，然后政府根据私人部门的这些诉求，

---

①　这里的土地主要是用于林业，包括造林后延长砍伐时期，或者不允许砍伐。

结合土地及其附属物的特征、所处的地理位置、当地的自然条件等一系列因素，综合考虑是否给予私人相应的补偿，以激励其积极开展环境保护措施。达成协议后，则项目最终的效果同样是由私人和政府进行博弈来决定，但由于此过程是私人的意愿表达在先、政府政策在后，因此就避免了许多冲突和组织项目实施的交易成本。

根据 Lynch 和 Lovell（2003）建立的模型以及 Langpap（2004）对他们模型的修正，本书的分析框架是基于森林所有者是否参与自愿环境协议的决策。由于政府会要求参与造林项目的农户推迟私人轮伐期直到实现碳吸存的社会最优轮伐期，这就需要造林者推迟砍伐的边际收益要等于其推迟砍伐的边际机会成本，双方才能达成自愿环境协议（Juutinen et al.，2008）。森林所有者参与自愿环境保护项目的效用主要取决于以下两个决策：一方面，他们可以选择不参与自愿环境保护项目，于是可以在轮伐期 T_1 内砍伐自己林地上的林木；另一方面，他们可以选择参与自愿环境保护项目，将自己林地上的林木一直维护到轮伐期 T_2，这里我们假设 $T_2 > T_1$，这样的假设是有一定依据的（Yu et al.，2014）。

从理论上讲，不同的造林者从造林补贴、最优轮伐期时的木材收益、整个最优轮伐期内的非木材收益以及不砍伐森林中所获得的效用水平是存在差异的。我们令 q 表示最优轮伐期的决策变量，当 $q=1$ 时，表示农户自愿进行最优轮伐期管理，而当 $q=0$ 时，则表示农户未进行最优轮伐期管理。此时，林农 i 就会选择恰当的 q 去实现他的效用最大化，见公式（6-1）。

$$U_f = \max_q (1-q)\left\{\int_0^{T_1} U[I(x),E(x),R_N(x)]e^{-rx}dx + \int_{T_1}^{\infty} U[I(x),R_N(x)]e^{-rx}dx\right\}$$
$$+ q\left\{\int_0^{T_2} U[I(x),E(x),G(x),R_N(x)]e^{-rx}dx + \int_{T_2}^{\infty} U[I(x),R_N(x)]e^{-rx}dx\right\}$$
$$= \max_q (1-q)U(T_1) + qU(T_2) \qquad (6-1)$$

其中，$U(\cdot)$ 表示林农的效用函数，$E(x)$ 表示在时点 x 所形成的碳吸存效益，$I(x)$ 表示在时点 x 所实现的非木材林产品收入，$R_N(x)$ 表示在时点 x 的农户农闲时的非农收入，$G(x)$ 表示在时点 x 所收到的补贴收入，R 表示利率水平。

如果农户的行为与清晰定义的效用函数保持高度一致，即农户会选择带来效用最大的决策，基于此考虑，则农户会选择参与造林项目并按照最优轮伐期 T_2 进行经营管理，如果式（6-2）成立，

$$\int_0^{T_1} U(I(x),E(x),R_N(x))\,e^{-rx}\mathrm{d}x + \int_{T_1}^{\infty} U(I(x),R_N(x))e^{-rx}\mathrm{d}x$$
$$< \int_0^{T_2} U(I(x),E(x),R_N(x),G(x))\,e^{-rx}\mathrm{d}x + \int_{T_2}^{\infty} U(I(x),R_N(x))e^{-rx}\mathrm{d}x$$

$$(6-2)$$

或者 $U(T_1) < U(T_2)$，表明农户进行最优轮伐期管理的效用大于他们不进行最优轮伐期管理的效用，而当且仅当 $G_f(x) \geqslant U(T_2 - T_1)$ 时，农户才愿意将自己的私人轮伐期 T_1 延长至社会最优轮伐期 T_2。

当然农户对于森林非消费性效益的偏好也会影响其行为决策（Karppinen，2000；Horne et al.，2004），但在本书中由于已经做了农户属于中性偏好的假设，此时农户会选择怎样的轮伐期管理主要取决于哪个选择可以带来更大的经济利益，如果 $NPV(T_1) < NPV(T_2)$，则农户会选择实现碳吸存效益最大化的轮伐期管理，反之，则会按照私人轮伐期 T_1 进行造林地的经营管理。对于政府，其政策目标很明确，根据本书的假设即实现碳吸存效益，此时在既定的目标前提下，实现该目标的成本最小，即支付的补贴越小越好，用公式表达即 $\min \int_0^{T_2} G_g(x)e^{-rx}\mathrm{d}x$，但是这样的政府目标诉求是有一定的约束条件的。基于本书的假设，政府如果想与农户达成自愿环境协议，其补贴诉求不可能无止境地小，其愿意

支付的上限是森林所实现的碳吸存效益，而其愿意支付的下限为农户造林补贴诉求。为了同时满足政府与农户的造林补贴诉求，本节将政府与农户造林补贴诉求的净现值的平均值，作为政府最终愿意支付的造林补贴额，因该补贴既低于政府愿意支付的水平，又高于农户的最低补贴诉求，所以双方容易在此补贴水平上达成共识。

三 基于自愿环境协议的吴起县
造林补贴标准

在落后的西部地区，社会经济建设和发展的首要任务是发展生态环境产品，而在发展生态环境产品的过程中，首先要明晰政府的角色定位，充分发挥政府的管理功能，使生态环境建设与农民脱贫致富相协调，同步实现生态与脱贫（刘平胜，2010）。这里同样是以陕西省吴起县退耕还林为例，进行讨论。

项目组在对吴起县进行退耕还林情况的调研时，特别注重问卷的设计，问卷的设计不仅仅咨询了国内外的权威专家，也与当地的林业部门进行了充分的沟通与协调。在设计问卷调查时，是分几个视角展开的，既对林业部门的基本情况摸底，也对乡、村及农户层次的基本情况有所涉及，使得本书的开展具有充足的数据基础。

通过自愿环境协议来达成环境保护的目标，最基本的前提是进行环境保护的主体以及给予环境保护激励的主体可以进行平等协商与沟通。在本书中造林者即农户，而发放或者提供造林补贴的主体为政府，并且两者之间的目标存在一定的差异，由假设出发，政府是为了实现生态效益，而农户则是理性的小农，经济利益最大化是其实现效用最大化的最直接方式。通过第三、第四及第五章的研究，可以清楚地看到，对于农户而言，为了实现其经济利益最大化，最优的造林补贴诉求为短周期的高补贴，相比之下，政府则旨在执行长周期的低补贴，因此，如何确定最优的造林补贴标准，使得两大主体可以实现激励相容是本书最重要的意义之一。

（一）基于自愿环境协议的造林项目运行机制

具体地，在本书中，将这个过程细化为以下几个步骤（如图6-1所示）。

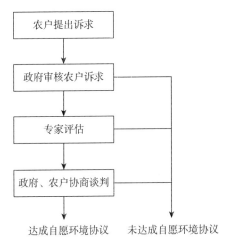

图6-1 基于自愿环境协议的造林补贴框架

首先，经过培训的农户，尤其是那些具有环境保护意识的农户，会向上级林业部门提交申请，申请将自己的土地纳入造林项目，申请书需要详细描述自己的土地特征、土地进行造林后的轮伐期管理、期望政府给予的补贴标准（主要针对现金补贴，其余的一些政府资助类别如技术支持不纳入补贴标准的范围）以及补贴发放的形式（造林初期一次性支付、分年度支付或其他自己期望的补贴发放形式）。

其次，政府或者林业机构收集所有的农户申请后，组织林业、经济等方面的专家，对农户的实际情况进行实地调研，然后根据调研情况，对于农户的土地及相应的资源情况进行摸底，以检验农户的土地是否符合造林地的要求，尤其是对于生态脆弱区的土地，要给予特别的关注。在进行了这一轮的筛选之后，对于生态重要区位的土地，进行下一步的筛选——专家对这些土地进行价值评估，即农户的土地用于造林后，经过轮伐期管理是否能达到预期碳吸存效益，当然这部分的估计是要基于对土地特征、即将种植的林种及管理措施的综合考虑，利用科学的评价机制作出的测算。另外，还会预估造林者延迟砍伐森林的成本，并以该成本作为在双方自愿协议达成之后的最优造林补贴标准确定依据。

最后，由政府与土地所有者进行谈判，去共同协商补偿的额度和相应的保护活动。这里的保护意味着在自家的林地不采取任何采伐行为，当然在某些特殊情况下谨慎地采伐与处理行为是允许的。需要强调的是，参与的林地所有者不受任何明显的背景威胁，即他们可以自由地决定是否中止已签订的自愿环境协议，并且在合同到期后他们也可以自由地决定如何使用林地上的林木。政府与土地所有者的谈判过程可以理解为竞争性的投标过程，因为许多土地所有者同时将自己的林地纳入项目，政府却支付给每个土地所有者不同数量的补偿。另外，政府的行为受制于一定的财政预算。土地所有者之间的竞争在实际中可能并不是有效的，尤其是在谈判过程中政府公布了其补偿标准，这就给了一些土地所有者将其补偿诉求提高到其机会成本之上的机会。因此，在谈判过程中，政府事先并不公布其最高的补偿意愿，这样面对造林者较高的补偿诉求，政府可以灵活地选择不与这部分农户签订自愿环境协议。在谈判过程中合同是基于专家的主观判断，而不用像拍卖机制那样基于预先设置的严格规则（Stoneham et al.，2003）。由于受到非相关因素的影响，专家的判断有可能并不总是一致的（Mäntymaa et al.，2009）。这里为了便于分析，假定专家具有绝对的权威，并且其考核结果及价格评估出错的可能性特别小，小到在本书中可以忽略不计。

基于以上的步骤，经过双方的相互博弈，最终会达成政府与造林者基于实现碳吸存效益的造林补贴自愿协议。

（二） 造林补贴项目自愿环境协议达成的条件

政府与农户或者造林者进行协商的前提是，政府补贴 G_g 的净现值必须大于农户可接受补贴 G_f 的净现值，从理论上讲，只有这样才能保证自愿环境协议的达成。只有在达成自愿环境协议的基础上，才能够进一步探讨补贴标准及补贴期限的确定。

根据已有的研究成果（Kosoy et al.，2007；Wunder et al.，2008；Pagiola et al.，2005），比较有效率的生态补偿标准，应该高于生态补偿项目参与者的机会成本，同时应该低于参与者保护行为所带来的外部性价值。因此，本书中，如果 $NPV(G_g) > NPV(G_f)$，则毋庸置疑居于两者之间的补贴额度均能促进自愿环境协议的达成，但这仅仅是理论上的分析结果。在自愿环境协议的确定过程中，由于政府和农户之间存在信息的不对称，尤其在由农户首先提出其自愿参与意愿及期望补偿标准时，农户基于自利心也会采取战略性的行为措施，因为他们没有动力去跟政府或者林业部门真实地表露自己的想法（Latacz-Lohmann and Van der Hamsvoort，1997）。因此，他们在提出补偿诉求以及最终谈判的过程中会提出比自己底线更高的补偿要求（Mäntymaa et al.，2009）。而有效地解决这种信息不对称所带来的严重后果的方法之一就是借用竞争性投标的原理，在自愿环境协议讨价还价的过程中进行灵活运用。显然，在自愿环境协议的谈判过程中，造林者更希望补贴能够高于 G_f，高出的额度越多越好，而政府则希望 G_g 越低越好，最好可以直接按农户真实的 G_f 进行补贴。但是从自愿环境协议框架来看，是由农户首先表达其愿意参与造林，并按照规定进行轮伐期管理，然后由政府或林业部门来审核其申请，并决定是否将农户纳入造林项目，因此理性的农户也会考虑到自己如果报价过高，则与政府达成自愿环境协议的概率降低，因此，在报价时也会以自己的机会成本作为底线进行微调。同样，政府会考虑如果把补贴定得过低，农户会退出造林行列，从而进行其他生产活动，因此，政府也会将农户的最低补贴需求向上微调，尽可能地促成自愿环境协议的达成。在本书中，为了方便测算，如果政府愿意补贴的最高额度高于造林者期望被补偿的最低限额，则取这两个净现值的平均值作为最终的补贴标准。

（三）基于农户视角的造林补贴诉求

针对农户的问卷调查，主要包括以下几个方面的内容：受访农户的社会经济特征、农户的认知情况（包括林农对于森林生态功能的认知、林农的环保意识、对于风险的预知及林农对于政策的了解程度等）、虚拟项目实施的背景构想及该构想下农户的受偿意愿（不仅包括补偿多少农户愿意参加造林项目并进行轮伐期管理，并且询问农户期望政府持续补贴的期限）。当然除此之外，农户问卷还涉及了农户的农业和非农业生产、消费信息，以及其他与农户参与退耕还林项目相关的信息。

在农户问卷中，有个问题涉及农户是否愿意参与造林项目，并按政府或林业部门的规定进行林业经营管理，最终通过对调研数据的整理与分析，可知在陕西省吴起县，超过95%的农户愿意参与到造林项目中。尽管农户均是以获得政府的补贴为出发点才参与项目，但是其中许多农户还是意识到参与这样的项目，可以为气候改善带来好处；而另外小部分农户不愿意参与造林项目，大多因为家里土地面积小且质地优良。由此可知，吴起县大部分农户还是有自愿参与造林项目的倾向的，即本书所设计的基于自愿环境协议的造林项目在吴起县是可行的，最起码第一步是可行的，会有许多农户提出参与造林项目的申请。

关于农户对于社交关系的信任度，经调研，陕西省吴起县的样本农户对于政府部门的信任度，由退耕还林项目实施前至今，呈现逐步上升态势。将最近一次的调研中农户对于政府的信任度进行统计，得到平均分高达 90 分[①]（信任度满分为 100 分），这主要是因为已经在当地实施的造林项目，主要是退耕还林项目，政府及林业部门均按期足额发放了补贴，并且补贴已经由最初的实物发放转变为后来的现金发放，最终通过惠农一卡（折）通进行发放无论何种形式，政府按约定进行补贴发放，使得农户对于政府的信任度大幅提高。另外，由于石油产业是吴起县经济的支撑，地方政府财政实力较强，所以对于惠农政策，尤其是在惠农一卡（折）通方式实现之前，也从来不克扣农户的优惠补贴，甚至有时候地方政府还会资助中央倡议的一些政策，以巩固政策在地方的实施效果，因此，农户对政府的信任度较高。之所以会关注农户对政府的信任程度，是由于在现实中，政府与农户的地位存在较大差异，从理论上讲两者进行平等谈判协商的概率小。但通过对该问题的考察可以看出，农户对于政府还是比较信任的，基于这种信任就容易促成两者之间协议的达成。

农户在提交自愿参与造林项目的申请时，也必须表明自己愿意接受的补贴额度、补贴期限及补贴发放的形式，这些信息可以通过本书所设计的问卷获得。通过调研数据的统计分析可以看出，现阶段农户更愿意接受现金补偿方式，当然必要的技术支撑也是农户期望在林业经营过程中可以免费获取的，因为以种植业生产为主的吴起县农民对于林业经营技术知之甚少，尤其对于沙棘林这类集多种经济生态功能于一身的林种，如何经营既能实现经济利益又不影响其生态功能的发挥，则需要政府在经营技术方

---

① 该分值根据最新一次的数据，即 2011 年的农户调研数据所得。

面给予扶持。而对于现金补贴的发放方式，农户仍然比较容易选择年度支付，并且通过惠农一卡（折）通作为发放媒介为佳。这基本上也符合现今中国惠农政策的基本形式，以年为单位核算补贴额度，并在规定时间划到惠农一卡（折）通上。

在吴起县进行调研时，通过与农户的访谈，可以直接获得农户对于造林补贴的诉求，即其受偿意愿；但该受偿意愿是否可信与有效，则是所有条件价值评估法所面临的最大问题，即使有非常科学与精细的问卷设计，仍然无法排除个别投机受访者有高估其受偿意愿的倾向，并且该倾向是实际调研中无法彻底识别与避免的，所以本书同样面临这样的问题。为了尽可能地校正农户受偿意愿的可信度，本书用了一章的内容从机会成本视角，从比较客观的角度去验证农户受偿意愿的可信度，而通过第三章与第四章的研究结论可以看出，对于农户而言，其私人轮伐期 T_1 为 21 年，而其补贴的净现值为 33740.13 元。

（四）基于政府视角的造林补贴诉求

对于政府而言，首先要收到农户自愿参与造林的申请，这样对于农户的造林补贴诉求才是知晓的。如果农户的补贴诉求是真实的，那么农户参与造林的信息在政府看来是信息完全的，因此，政府需要做的就是去实地考察与核算如果种植沙棘，在边际土地上其产生的碳吸存效益到底是多少。当然，如果政府测算的价值远远大于农户的造林补贴诉求，则所有申请的农户均可以纳入造林项目中，当然这里农户的造林补贴诉求是用一个平均数来代替的，或者说这里首先假设是由一个农户代表向政府提出申请，这样对于政府而言，可以大大降低其政策的设计成本。基于自愿环境协议的第二个重要环节是由政府来执行的，即需要估计农户的边际土地种植沙棘将会带来多少碳吸存效益，而该效益也是政府愿意支付的造林补贴的最高额度。如果政府愿意支付的造林补贴总额低于农户愿意接受的造林补贴总额，则政府与农户无法达成共识，该项目无法开展。虽然从农户角度出发，大多数农户愿意参与造林项目，且参与意愿比较强烈，但如果政府不愿意提供农户的补贴诉求，则自愿环境协议从理论上讲是无法达成的。因此，最关键的问题是在政府了解农户的造林补贴诉求之后，必须确定自身愿意支付的造林补贴额度，当且仅当政府愿意支付的补贴总额高于农户愿意接受的补贴总额时，自愿环境协议才有达成的可能性。

通过对政府行为及森林碳吸存效益的界定，本书第五章详细地研究了从政府视角出发考虑碳吸存效益的造林补贴标准，不仅包括造林的补贴额度，还包括造林补贴的发放期限，以陕西省吴起县坡耕地种植沙棘为例，政府愿意支付的最高造林补贴标准为2174 元／（公顷·年），共计 34 年。

在确定好补贴的总额之后，就面临如何将这些补贴总额进行发放，即确定补贴期限的问题。在双方的协商中，关于补贴期限，造林者当然是希望最好将所有的补贴在造林初期一次性支付，但政府则存有顾虑：如果将补贴一次性支付给造林者，而造林者不遵守协议，仅仅实施造林，之后却不按最优轮伐期进行森林的经营，这样即使政府可以通过惩罚措施来约束造林者，但这样做政府不但要付出额外的监督成本，还要付出实施惩罚等一系列的交易成本，更重要的是政府无法实现其政策预先设置的生态目标（在本书中具体是指碳吸存效益的实现）。因此，政府会选择分期付款的方式支付补贴，避免一次性支付可能带来的严重后果。由于私人轮伐期为 T_1，而政府确定的实现碳吸存效益最大化的最优轮伐期为 T_2，所以政府会选择 T_2 为支付补贴的年限，最简单的做法就是将补贴总额以年金的形式进行发放。但由于造林者或者农户具有经济人追求最大经济收益的"理性"，故本书假定在 T_1 时间段内，政府至少会满足造林者所期望的补贴标准，而之

后的 $T_1 \sim T_2$ 时间段内则将补贴的剩余部分仍然以年金形式进行发放。这样，一方面保证了政府所支付的补贴总额高于造林者所期望的补贴总额；另一方面，补贴总额是通过年金的形式在 T_2 内进行发放，因为补贴的激励作用很有可能使得农户或者造林者在 T_2 内不采伐，而是按照自愿环境协议进行最优轮伐期管理，并按照协议获取相应的补贴。

$$\int_0^{T_2} G_g(x) e^{-rx} dx = \int_0^{T_1} G_f(x) e^{-rx} dx + \int_{T_1}^{T_2} G_{f'}(x) e^{-rx} dx \qquad (6-3)$$

式（6-3）中，T_1 为农户造林的私人轮伐期，T_2 为政府追求碳吸存效益的最优轮伐期，$G_g(x)$ 为 x 年时基于政府视角的造林补贴标准，$G_f(x)$ 为 x 年时基于农户视角的造林补贴诉求，而 $G_{f'}(x)$ 为 x 年时因延长私人轮伐期，政府应给予农户的造林补贴（实际上这部分补贴的确定，主要取决于基于政府视角的造林补贴的净现值与基于农户视角的造林补贴的净现值之差，即私人轮伐期至最优轮伐期这段时间，农户或者造林者可以得到的造林补贴额度）。

从第五章的分析可知，基于政府视角的造林轮伐期为 34 年，而基于农户视角的造林轮伐期为 21 年，因此，$T_1 = 21$，$T_2 = 34$。要实现政府的碳吸存目标，政府期望农户能将其轮伐期延长至 34 年，因此综合考虑之下，可将补贴的年限定为 34 年。另外，通过第三章、第四章及第五章的研究可知，$G_g(x) = 2174$ 元/（公顷·年），$G_f(x) = 2405$ 元/（公顷·年），因此式（6-3）中，T_1、T_2、$G_g(x)$ 及 $G_f(x)$ 均为已知参数，而仅仅 $G_{f'}(x)$ 是未知的，但其可以通过求解式（6-3）得到，同样 $G_{f'}(x)$ 是一个随时间而变化的数值，但是为了补贴发放的便利，这里同样将 $G_{f'}(x)$ 转变为年金的形式。

（五）基于自愿环境协议的造林补贴标准

式（6-3）成立的前提是，政府愿意支付的造林补贴净现值要大于农户愿意接受的造林补贴净现值。根据本书的假设，社会最优轮伐期 T_2 为 34 年，因此，为了与政府的造林补贴净现值进行比较，就需要两者在相同的时间期限内，或者说为了测算自愿环境协议是否可以达成，除了知道政府在社会最优轮伐期内的补贴净现值外，还需要知道农户在社会最优轮伐期内的造林补贴净现值。在这里同样利用机会成本原理（具体步骤及相关数据信息请参照本书第三章）再次测算农户的造林补贴诉求，但与第三章不同的是，将轮伐期由私人轮伐期延长至社会最优轮伐期，因此，在式（3－1）至式（3－4）中，将 T_1 改为 T_2，然后通过求解式（3－5）与式（3－6），可以得到按照社会最优轮伐期进行经营时，农户从机会成本出发，造林的最低补贴诉求为 2154 元/（公顷·年）[1]，共计补助 34 年。将该补贴标准折现，为 39226.16元。很明显，如果将私人轮伐期延长到社会最优轮伐期，则农户的补贴诉求会高于私人轮伐期下的补贴诉求（33740.13 元），这是政府希望农户推迟砍伐所应付出的代价。

通过对农户造林及轮伐期管理决策的研究，从机会成本和受偿意愿的视角，得出了在社会最优轮伐期 34 年内，农户造林能够接受的最低补偿标准的净现值总和为 39226.16 元，而政府期望达到的碳吸存价值的净现值为 39591.40 元，由此可得 $NPV(G_f) < NPV(G_g)$。基于这样的分析，农户所期望的最低补偿标准正好小于政府所愿意支付的最高限额，因此，从理论上分析，政府和农户是能够达成自愿环境协议的，并且如果按农户的诉求进行补贴，则政府的造林补贴支出最小。但作为理性经济人的农户，当然期望补贴越高越好，因此这里为了简化运算，将农户的最低补偿标准和政府进行补偿的最高限额的平均数作为最优的造林补贴标准，这样政府与农户均能够接受这项标准。通过计算可得，最

---

[1] 计算出来的标准为 2153.59 元，经过四舍五入运算得到最终的结果。

优补贴的净现值为 39408.78 元[①]。

为使最优造林补贴顺利发放，政府必须结合农户的实际林业经营行为。根据农户的林业经营决策，为实现经济利益最大化，政府至少发放补贴 2405 元／（公顷·年）共计 21 年，才能保证农户 21 年内不作出任何采伐决策，即 $T_1 = 21, G_f(x) = 2405$ 元／（公顷·年）。而按政府的造林诉求，要求农户 34 年内均不采取采伐行为，此时政府愿意支付农户 2174 元／（公顷·年），共支付 34 年。为了保证农户在 21 年内不采伐，在 21 年至 34 年间仍然不采伐，可以在前 21 年按照农户的需求进行补贴，标准 2405 元／（公顷·年），而从第 22 年至第 34 年继续给予补贴，一直保持到最优轮伐期。因此在保证最优补贴净现值不变的前提下，将 $G_g(x) = 2174$ 元／（公顷·年）、$T_2 = 34$、$T_1 = 21$、$G_f(x) = 2405$ 元／（公顷·年）等数据代入式（6-3）中，可以得到 $G_{f'}(x) = 1294$ 元／（公顷·年）[②]。经计算得知从第 22 年至第 34 年的补贴额度为 1294 元／（公顷·年）。按这样的补贴标准和补贴年限，正好可以实现最优补贴的净现值总和为 39408.78 元，同时也保证了最优轮伐期的实现。

四　小结

从第四、五、六章分析可以得出以下结论：从政府视角，其补偿标准为 2174 元／（公顷·年），共计 34 年；从农户视角，其补偿诉求为 2405 元／（公顷·年），共计 21 年。很明显，政府倾向于低补贴长周期发放，农户则更愿意高补贴短周期发放，而最

① 通过求政府愿意支付的补贴净现值 39591.40 元与农户愿意接受的最低补贴诉求 39226.16 元的简单算数平均值得到。
② 经过计算，实际的补贴标准为 1293.61 元／（公顷·年），为方便发放补贴，这里对数值进行了四舍五入取整的处理。

终的补贴标准则是两者共同妥协的结果，即两段式的补偿标准：在造林前期高标准发放，造林后期低标准发放，一直发放到最优轮伐期。这样的发放标准也符合造林项目的特点：造林是个长周期不断投入而后期一次性收入的生产活动，造林前期投入较大，后期则只需支付管护费用，支出相对低。因此，通过本章的研究，就得到了最终结论，即黄土高原地区种植沙棘的造林补贴标准如下：第 1～21 年补贴标准为 2405 元／（公顷·年），第 22～34 年补贴标准为 1294 元／（公顷·年）。

▶ 第七章

结论与讨论

经济激励可以解决全球范围内有价值的生态系统服务缺失问题，而生态补偿作为这样一种创新性的方法，已经得到全世界的关注（Millennium Ecosystem Assessment，2005；Tallis et al.，2008；Chazdon，2008；Yin and Zhao，2012）。中国虽然也开始了森林生态补偿的探索与研究，但至今仍未有统一和成熟的补偿标准的测算方法。基于此，本书尝试从全球气候变暖的大背景出发，来重新思考造林由于其缓解气候变暖功能而应得的补贴标准，并将当前比较热门的自愿环境协议方式引入造林补贴确定的过程，在充分考虑造林者与政府利益的前提下，探索经双方协商达成的最优造林补贴标准；通过自愿协议方式得到的造林补贴，一方面可以激励农户，另一方面可以激励政府，最终实现造林项目的可持续发展。这就是本书的主要出发点及思路。最终通过理论研究，构建了一种确定最优造林补贴标准的思路与方法，并通过实证分析，得到了黄土高原地区造沙棘林的补贴标准。

一　结论

首先，本书从机会成本法和受偿意愿法出发，探索基于林农视角的造林补贴标准，以此标准作为最优造林补贴标准的最低临界值。

机会成本法是经济学中常用的方法。结合本书，对于林农而言，选择造林的机会成本，是林农选择继续进行农地经营、转变为牧地经营或者直接撂荒等几种农地用途可能带来的最大收益。所以，如果政府想激励农户就必须支付林农相应的补贴，而这个补贴标准必须保证造林的收益是所有土地用途中最大的，所以通过该方法确定的标准是比较客观的且林农可以接受的最低补贴标准，此标准为 2405 元／（公顷·年），并且一直补偿到第 21 年（因为沙棘的生物量最大时的轮伐期为 21 年）。为了使得到的补偿标准更趋合理化，本书同时也做了农户的受偿意愿调查，农户平均的受偿意愿为 3650 元／（公顷·年），而对于补偿期限，有一半的农户认为只要他们保证退耕地林木的成活率，政府就应该一直给予补偿，而另外一半的农户则期望补贴期限为 18 年。很明显可以看出，基于农户受偿意愿的补偿标准高于基于机会成本理论的补偿标准。但考虑到调研中农户会高估自己的受偿意愿，所以本书将最低标准定为基于机会成本的补偿标准，将农户的私人轮伐期 21 年内的补贴标准定为 2405 元／（公顷·年），如果将私人轮伐期延长至社会最优轮伐期，则农户的造林补贴净现值为 39226.16 元。

其次，本书利用将森林碳吸存效益价值化的方法，计算基于政府视角的造林补贴标准和补贴期限。

从机会成本视角出发，现在的退耕还林补偿标准能够形成足够的激励去保证退耕还林成果，所以政府需要做的是调整补偿标准及补偿期限，提高政府财政转移支付的效率，从而实现退耕还林政策的可持续性。借鉴国内已有的研究成果，尤其是关于沙棘生长的相关信息，将沙棘林的固碳量进行价值化，求解得到基于碳吸存效益的最大化，政府愿意补贴的标准为 2174 元／（公顷·年），共计 34 年（考虑碳吸存效益时实现社会效益最大化的最优轮伐期），即政府愿意给予的造林补贴净现值为 39591.40 元。

最后，基于林农和政府视角的造林补贴标准，构建了自愿环境协议下的最优造林补贴标准和补贴期限的确定框架。

将当前环境管制方式中具有优势的自愿环境协议引入造林补贴标准的确定，这是本书的一个创新点，这样确定的造林补贴标准，充分体现了协议双方的诉求及其意愿。根据农户的林业经营决策可知，为实现经济利益最大化，政府至少发放补贴 2405 元/（公顷·年），农户才能保证 21 年内不采取任何采伐决策；而从政府视角出发的造林补贴标准为 2174 元/（公顷·年），共计 34 年，其净现值为 39591.40 元。也就是说政府要求农户 34 年内不采取采伐行为，因此补贴年限需要延长至 34 年，而如果要求农户将私人轮伐期延长至社会最优轮伐期，农户的造林补贴诉求为 39226.16 元。为了通过双方自愿的协议能够确定合理的造林补贴标准，在本书中将该标准界定为 39408.78 元（此补偿额度为政府和林农造林补贴净现值的算数平均值），为了保证农户不仅在 21 年内不采伐，甚至在 22 年至 34 年间仍然不采伐，可以在前 21 年按照农户的需求进行补贴，标准为 2405 元/（公顷·年），而第 22 年至 34 年继续给予补贴，标准为 1294 元/（公顷·年）。按这样的补贴标准和补贴年限，正好可以实现最优补贴的净现值为 39408.78 元，同时保证了最优轮伐期的实现，该标准为黄土高原地区种植沙棘实现碳吸存效益的合理造林补贴标准。

二 讨论

本书将自愿环境协议引入造林补贴标准，构建基于不同树种的造林补贴标准框架，以此模型来确定最优的也是最合理、现实可行的造林补贴标准，可以为追求碳吸存效益的造林项目制度性补贴提供依据。通过本书的研究思路所计算出来的补贴标准是具有推广价值的，可以作为种植特定树种实现碳吸存效益的补贴标准，在具体运用中，只需要将特定地区特定树种的生长函数及树种的固碳能力估算出来，即可计算出最优的轮伐期，该期限即可作为造林补贴期限。在自愿环境协议框架下，农户以其造林诉求与政府进行协商，而政府则以造林实现的碳吸存效益作为其支付的最高补贴额度。从理论上讲，如果政府支付的最高额度高于农户的补贴诉求，则两者最终会达成协议，并且最终的补贴应该是个折中的方案，即比农户的补贴诉求高一些，而比政府的最高支付额度低一些。本书中之所以没有讨论农户的诉求高于政府最高支付额度的情形，是因为政府在进行农户筛选时，会首先淘汰那些诉求过高，特别是高于政府最高支付水平的农户。因此，本书具有重要的实践价值。

所以说，本书所构建的研究思路具有一定范围的适用性，这个条件就是农户通过机会成本所测算的造林补贴诉求低于政府的造林补贴诉求。本书的实证分析正好属于这种情况，由于退耕地或者说边际农地的农业耕种产出低，因此从机会成本视角测算农户的造林补贴诉求，其价格低于政府的补贴诉求，或者说低于造林所实现的生态效益（本书中主要是指碳吸存效益）是无论从理论上还是实证分析中均成立的。而如果将方法用于平原地区或者用于土地的非林业用途产出较高的地区，就有可能出现基于机会成本视角的造林补贴标准高于政府愿意支付的补贴标准的情况，此时通过自愿协商就无法在双方之间达成共识。但这样的结果并不否认本书的科研价值，而正好可以说明在土地自然条件较好的地区可能发展其他生产会优于发展林业，而在生态脆弱、水土流失严重的地区参与退耕还林的收益远远高于农民种粮带来的收益，所以在生态脆弱地区土地的最优利用形式是造林（杨旭东等，2002；杨旭东、王聪，2003）。

本书通过实证模拟得到陕北黄土高原地区种植沙棘林的造林

补贴标准为第 1～21 年 2405 元/（公顷·年），第 22～34 年 1294
元/（公顷·年），净现值为 39408.78 元，此标准是造林项目高
效率运行的基本保障。根据我国现行的退耕还林政策，陕北黄土
高原地区发放的标准如下：针对生态林，第一轮的 8 年每年补助
230 元（其中 20 元为生活补助），第二轮的 8 年每年补助 125 元
（其中 20 元仍为生活补助），折合净现值为 32452.13 元。也就是
说现有的补偿额度偏低一些，所以建议在陕北退耕还林补贴标准
再提高一些。但是，众所周知，陕北的退耕还林补贴仅仅是补贴
了农户耕地收入的损失，即由于耕地转化成林地无法耕种，将每
亩地的农作物平均产出作为补贴标准，而并不像本书中所假设的
那样，补偿造林所形成的碳吸存效益，所以由本书所得出的造林
补贴理应高于退耕还林实施的补贴标准。

另外不可忽视的事实是，本书所得出的结论，是基于一定的
假设做出的，只有在本书所设置的框架下，所得到的实证结果才
有效，才具有政策指导意义，但在实践操作中，政府也需要结合
国情进行适当调整。例如，信息的相对透明这一点，在现实中实
现的可能性较低，除非是非常精细的机制设计才可能实现；另
外，期望农户的认知和行为一致，但现实中根本无法排除采取战
略性策略行为的农户，这些均是本书中模型不完善的地方，也是
今后研究改善的一个方向，即逐步放宽假设，构造更加合理的动
态模型。

在自愿环境协议框架下考虑碳吸存效益的造林补贴标准，其
中很重要的一个研究工作，就是计算不同林种或树种的碳吸存
量，这也是本书非常重要的一个基础性工作。因为碳吸存量的计
量直接关系到最终造林补贴标准测算的正确与否，尤其随着时间
的推移和科学技术的进步，更要注重对于造林树种碳吸存量的计
量及监测，因此，在进行碳吸存量的计量及监测方面，相应的科
技手段需要及时地进行调整与提升，以提高最终造林补贴标准测

算的适用性及灵活性。

　　自愿机制虽然能够解决土地所有者与政府的冲突，但参与率却取决于生态保护项目在实际中是否做好宣传及实施程序。因为林地所有者与政策制定者之间存在明显的信息缺口，因此如果政策制定者希望林地所有者对自愿环境协议认同并参与到生态保护项目中，两者之间的信息沟通就必须加以改善（Mäntymaa et al.，2009）。另外，补偿的水平在生态保护项目中至关重要（Mäntymaa et al.，2009）。尽管已有研究表明，具有积极环保意识的林农愿意参与自愿性的生态保护项目（Mäntymaa et al.，2009；Langpap，2004），但是如果林地短期保护的补偿额度足够高，将很容易找到愿意签订自愿环境协议的林地所有者，这些自愿环境协议的参与者可能是强调经济目标的林主，也可能是具有积极环境偏好的林主（Mäntymaa et al.，2009）。所以，本书中假定农户对于环境的偏好为中性，所得出的结论不一定适用于农户偏好存在层次性和复杂性的情况，这也是下一步研究需要讨论的内容。

　　在签订生态保护合同时，土地所有者会采取战略性行为，尝试提高其补偿诉求并使之高于其参与项目的实际机会成本（Mäntymaa et al.，2009）。尽管本书中的假设可以在一定程度上避免土地所有者的投机行为，但在实际操作中也有农户不按常规出牌，甘愿冒险赌一把，因此这也是本书中的一个局限性。

　　由于本书中实证分析是以陕北地区种植沙棘为例，而沙棘的固沙效益也是黄土高原地区大力发展该树种的重要原因之一，但在研究中难以拟合沙棘的固沙效益与林龄之间的函数关系，因此，本书主要考虑了比较容易模拟到的碳吸存这种生态效益，也可能会在一定程度上低估了沙棘的生态效益，从而使得考虑生态效益的最优轮伐期会有些许偏误。另外，如果可以对林农的机会成本变动及土地的机会成本变动进行科学预测并纳入模型，则可提高模型计算结果的科学性，这些均是未来研究的方向。

▶ 参考文献

白墨，2001，《北京市环境经济评估的意愿调查方法研究》，博士学位论文，北京大学。

薄玉洁、葛颜祥、李彩红，2011，《水源地生态保护中发展权损失补偿研究》，《水利经济》第 3 期。

毕君、黄则舟、王振亮，1993，《刺槐单株生物量动态研究》，《河北林学院学报》第 4 期。

蔡银莺、张安录，2011，《基于农户受偿意愿的农田生态补偿额度测算——以武汉市的调查为实证》，《自然资源学报》第 2 期。

蔡艳芝、刘洁，2009，《国际森林生态补偿制度创新的比较与借鉴》，《西北农林科技大学学报》（社会科学版）第 4 期。

曹超学、文冰，2009，《基于碳汇的云南退耕还林工程生态补偿研究》，《林业经济问题》第 6 期。

曹晖，2004，《延安农民先尝"零税种"》，《中国老区建设》第 4 期。

曹世雄、高旺盛，2004，《生态建设补偿机制的政策经济学模式》，《中国农学会耕作制度分会 2004 年学术年会》，中国农学会。

曹颖，2011，《无锡太湖区域生态补偿实践分析》，《现代经济探讨》第 8 期。

曹志宏、郝晋珉、梁流涛，2009，《黄淮海地区耕地资源价值核算》，《干旱区资源与环境》第 9 期。

常永平，2008，《沙漠中"播种"绿色希望——陕西省榆阳区沙棘发展纪实》，农民日报。

陈代世、李翠华，2004，《对林业生态造林工程后期可持续经营的思考》，《重庆林业科技》第 4 期。

陈尔学、郭衡、梁玉堂，1997，《鲁中南山地刺槐萌生更新林经济效果评价》，《林业科学研究》第 1 期。

陈浮、张捷，2001，《旅游价值货币化核算研究：九寨沟案例分析》，《南京大学学报》（自然科学版）第 3 期。

陈珂、陈文婷、王玉民等，2011，《农户参与中德合作造林项目意愿影响因素的实证分析——以辽宁省朝阳市为例》，《农业经济》第 5 期。

陈珂、杨小军、徐晋涛，2007，《退耕还林工程经济可持续性分析及后续政策研究》，《林业经济问题》第 2 期。

陈进福，1992，《中国沙棘结实特性与规律的研究》，《青海农林科技》第 4 期。

陈念东，2008，《私有林补贴制度设计研究》，博士学位论文，福建农林大学。

陈佩虹，2011，《我国地方政府公共物品提供的制度分析——基于部门博弈模型》，《管理世界》第 5 期。

陈先刚、张一平、詹卉，2008，《云南退耕还林工程林木生物质碳汇潜力》，《林业科学》第 5 期。

陈源泉、高旺盛，2007，《基于农业生态服务价值的农业绿色 GDP 核算——以安塞县为例》，《生态学报》第 1 期。

陈郁蕙、陈雅惠、吕政道，2008，《行政院农业委员会九十七年度农业经济与政策制度研究计划报告》，"台湾行政院"农业委员会。

陈祖海，2004，《试论生态税赋的经济激励——兼论本部生态补偿的政府行为》，《税务与经济》第 6 期。

成金华、吴巧生，2004，《中国自然资源经济学研究综述》，《中国地质大学学报》（社会科学版）第 4 期。

崔旺来、李百齐，2009，《政府在海洋公共产品供给中的角色定位》，《经济社会体制比较》（双月刊）第 6 期。

党宏忠、惠晓萍，1997，《泾川县林地资产评估》，《甘肃林业科技》第 2 期。

邓贤明，2011，《责任政府视域下政府生态责任探析》，《前沿》第 7 期。

邓晓红、徐中民，2012，《参与人不同风险偏好的拍卖在生态补偿中的应用——以甘肃县退牧还草为例》，《系统工程理论与实践》第 11 期。

丁辉，2010，《控制排污减排的系统事例模式构建》，《甘肃社会科学》第 2 期。

董雪旺、张捷、刘传化等，2011，《条件价值法中的偏差分析及信度和效度检验——以九寨沟游憩价值评估为例》，《地理学报》第 2 期。

董战峰、王金南、葛察忠等，2010，《环境自愿协议机制建设中的激励政策创新》，《中国人口·资源与环境》第 6 期。

豆志杰、高平亮，2005，《关于退耕还林还草经济补偿机制的思考》，《内蒙古农业大学学报》（社会科学版）第 24 期。

杜建宾、张志强、姜志德，2012，《退耕还林：公共生态产品的私人提供》，《林业经济问题》第 1 期。

杜君楠，2008，《西北地区生态退耕过程中的政府行为分析》，《生态经济》第 7 期。

杜受祜，1994，《四川省渠县屏西乡林地林木权属调查》，《林业与社会》第 4 期。

杜英、杨改河、刘志超，2008，《黄土丘陵沟壑区退耕还林还草工程生态服务价值评估——以安塞县为例》，《西北农林科技大学学报》（自然科学版）第6期。

樊继达，2012，《提供生态型公共产品：政府转型的新旨向》，《国家行政学院学报》第6期。

方大春，2009，《自然资源价值理论与理性利用》，《安徽工业大学学报》（社会科学版）第4期。

方精云、陈安平，2001，《中国森林植被碳库的动态变化及其意义》，《植物学报》第9期。

方秋九，1995，《谈采伐林木成本的计算方法》，《林业财务与会计》第9期。

方竹兰，2010，《论建立政府与民众合作的生态补偿体系》，《经济理论与经济管理》第11期。

费世民、彭镇华、周金星等，2004，《关于森林生态效益补偿问题的探讨》，《林业科学》第4期。

冯亮明，2006，《林木生长对木材供给影响的经济学分析》，2006年全国博士生学术论坛，北京林业大学。

冯宗宪、姜昕、王青，2010，《可耗竭资源价值理论与陕北能源价值补偿的实证分析》，《资源科学》第11期。

傅娇艳、丁振华，2007，《湿地生态系统服务、功能和价值评价研究进展》，《应用生态学报》第3期。

富华，2009，《我国西部地区生态补偿机制研究》，硕士学位论文，长安大学。

高圭、常磊、刘世海，2003，《山区小流域综合治理可持续发展指标体系及其评价初探》，《水土保持通报》第4期。

高弘梅，2013，《沙棘的引种与它的造林方式》，《农民致富之友》第3期。

谷学明、曹洋、赵卉卉等，2011，《主体功能区生态补偿标准研究》,《水利经济》第 4 期。

郭剑英、王乃昂,2005,《敦煌旅游资源非使用价值评估》,《资源科学》第 5 期。

郭普松、王建康,2008,《退耕还林农户补偿模型及有关问题的理论探索》,《人文杂志》第 1 期。

国家林业局,2011,《德国巴登－符腾堡州林地平衡直接补助金制度》,中国林科院。

国家林业局,2011,《德国私有林补助政策》,中国林科院。

国家发改委应对气候变化司,2013,《中华人民共和国气候变化第二次国家信息通报》,中国经济出版社。

韩维栋、高秀梅、卢昌义等,2000,《中国红树林生态系统生态价值评估》,《生态科学》第 1 期。

何家理,2001,《安康实施退耕还林工程个案分析》,《安康师专学报》第 4 期。

洪志生、张春霞,2007a,《私有林补贴制度设计的必要性分析》,《经济研究导刊》第 5 期。

洪志生、张春霞,2007b,《私有林补贴制度的博弈分析》,《林业经济问题》(双月刊)第 4 期。

侯杰泰、温忠麟、成子娟,2004,《结构方程模型及其应用》,教育科学出版社。

侯元兆、张佩昌、王琦等,1995,《中国森林资源核算研究》,中国林业出版社。

胡道连,2008,《对国家退耕还林补偿机制的探讨》,《林业调查规划》第 3 期。

胡建彬,2007,《沙棘造林技术》,《农村科技》第 5 期。

胡建忠、王愿昌,1994,《沙棘——一种解决干旱地区农村生活用材的优良能源树种》,《林业科技开发》第 4 期。

胡锦涛,2009,《携手应对气候变化挑战:联合国气候变化峰会开幕式上的讲话》，人民日报。

胡小飞、傅春、陈伏生等，2012，《国内外生态补偿基础理论与研究热点的可视化分析》，《长江流域资源与环境》第 11 期。

胡仪元，2009，《生态补偿理论基础新探——劳动价值论的视角》，《开发研究》第 4 期。

华国栋、蔡志坚，2004，《森林生态补偿模型的研究》，《湖南林业科技》第 4 期。

黄安胜、张春霞、苏时鹏等，2008，《试析私有林林农对补贴政策的偏好——基于南方集体林区农户调查问卷的分析》，《中国林业经济》第 4 期。

黄斌，2010，《采伐限额管理制度对农户抚育采伐行为的影响分析》，《林业经济问题》第 1 期。

黄富祥、康慕谊、张新时，2002，《退耕还林还草过程中的经济补偿问题探讨》，《生态学报》第 4 期。

黄和亮、吴景贤、许少洪等，2007，《桉树工业原料林的投资经济效益与最佳经济轮伐期》，《林业科学》第 6 期。

黄丽君、赵翠薇，2011，《基于支付意愿和受偿意愿比较分析的贵阳市森林资源非市场价值评价》，《生态学杂志》第 2 期。

黄森慰、张春霞，2009，《私有林合作经营意愿影响因素分析》，《林业经济》第 6 期。

黄森慰、张春霞，2009，《私有林承包经营意愿的影响因素研究》，《中南林业科技大学学报》（社会科学版）第 3 期。

黄锡生、潘璟，2008，《流域生态补偿的内涵及其体系》，《水利经济》第 5 期。

黄祖光，2010，《云南省退耕还林工程差异性补偿研究》，《科教导刊》第 1 期。

霍尔姆斯·罗尔斯顿，2000，《环境伦理学：大自然的价值以及人对大自然的义务》，中国社会科学出版社。

贾卓、陈兴鹏、善孝玺，2012，《草地生态系统生态补偿标准和优先度研究——以甘肃省玛曲县为例》，《资源科学》第 10 期。

简盖元、冯亮明、刘伟平，2011，《基于碳汇价值的森林最优轮伐期分析》，《林业经济问题》第 1 期。

简盖元、刘伟平、冯亮明，2013，《森林碳生产的价格补偿分析》，《林业经济问题》第 2 期。

姜宏瑶、温亚利，2011，《基于 WTA 的湿地周边农户受偿意愿及影响因素研究》，《长江流域资源与环境》第 4 期。

江丽、杨丽雅、张越等，2011，《退耕还林还草政策的农户影响——以甘肃省华池县为例》，《干旱区资源与环境》第 9 期。

姜明辉、陈昊洁、袁天琪，2012，《基于 SEM 模型的个人住房抵押贷款违约影响因素实证研究》，《中国软科学》第 1 期。

姜文来，1999，《现代可持续发展资源价值观体系研究》，《农业现代化研究》第 3 期。

姜裕富，2011，《生态文明建设中的政府治理创新》，《环境保护与循环经济》第 3 期。

蒋梅，2000，《对我国林业扶持政策的探讨》，《林业财务与会计》第 3 期。

焦树林、艾其帅，2011，《黔中喀斯特地区退耕还林项目的碳汇经济效益分析》，《生态经济》第 10 期。

〔日〕堺正纮编，2004，《森林政策学》，日本林业调查会。

金世华、赵冠楠，2011，《后退耕时代农户退耕成果维护意愿及其影响因素分析》，《生态经济》（学术版）第 2 期。

金姝兰、金威、徐磊等，2011，《基于耕地价值的江西省征地补偿标准测算》，《湖北农业科学》第 15 期。

金争平、卢顺光、温秀凤等，2005，《叶用型沙棘新品种数量性状估算方法研究》，《国际沙棘研究与开发》第 3 期。

孔凡斌、陈建成，2009，《完善我国重点公益林生态补偿政策研究》，《北京林业大学学报》（社会科学版）第 4 期。

孔凡斌，2010，《江河源头水源涵养生态功能区生态补偿机制研究——以江西东江源区为例》，《经济地理》第 2 期。

孔庆杰，1985，《怎样提高沙棘果产量》，《新农业》第 11 期。

赖亚飞、朱清科、张宇清等，2006，《吴旗县退耕还林生态效益价值评估》，《水土保持学报》第 3 期。

雷晓康，2003，《公共物品提供模式的理论分析》，博士学位论文，西北大学。

李程，2011a，《论自愿环境协议的法律性质及其合法要件》，《学术探索》第 12 期。

李程，2011b，《我国适用自愿环境协议的合理性探讨》，《商业时代》第 21 期。

李国忠、林俊成，1994，《以机会成本观念测算私有林之造林补贴》，《台湾林业》第 9 期。

李海鹏，2009，《补贴延长期西南少数民族退耕户的受偿意愿分析》，《中南民族大学学报》（人文社会科学版）第 2 期。

李后建，2012，《农户对循环农业技术采纳意愿的影响因素实证分析》，《中国农村观察》第 2 期。

李怀恩、尚小英、王媛，2009，《流域生态补偿标准计算方法研究进展》，《西北大学学报》（自然科学版）第 4 期。

李金昌，1994，《环境价值越来越大》，《国际技术经济研究》第 2 期。

李蕾，2004，《西部退耕还林还草效益评价与补偿政策研究》，硕士学位论文，中国农业大学。

李文华、刘某承，2010，《关于中国生态补偿机制建设的几点思考》，《资源科学》第 5 期。

李文华，2006，《探索建立中国式生态补偿机制》，《环境保护》第 10 期。

李文华、李芬、李世东等，2006，《森林生态效益补偿的研究现状与展望》，《自然资源学报》第5期。

李晓光、苗鸿、郑华等，2009，《机会成本法在确定生态补偿标准中的应用——以海南中部山区为例》，《生态学报》第9期。

李晓光、苗鸿、郑华等，2009，《生态补偿标准确定的主要方法及其应用》，《生态学报》第8期。

李秀全，2007，《幼林化学除草成本与质量管理技术探讨》，《林业建设》第1期。

李勇，2011，《论农村公共产品供给中的政府责任》，《中共郑州市委党校学报》第5期。

李玉洁、文冰、谢彦明，2012，《集体林权制度改革对农户生计影响——以云南省永胜县为例》，《中国林业经济》第1期。

李育才，2009，《退耕还林工程——中国生态建设的伟大实践》，蓝天出版社。

李云驹、许建初、潘剑君，2011，《松华坝流域生态补偿标准和效率研究》，《资源科学》第12期。

李智勇，2001，《世界私有林概览》，中国林业出版社。

李忠有、黄炳虎、刘宏亮，2010，《沙棘播种育苗技术》，《吉林农业》第12期。

李周，2009，《〈私有林经营意愿与补贴制度研究〉评述》，《林业经济》第12期。

李子敬、袁玉欣、刘炳响等，2008，《铁尾矿区沙棘林生物量和生产力的研究》，《西北林学院学报》第3期。

梁丹，2008，《全球视角下的森林生态补偿理论和实践》，《林业经济》第12期。

梁流涛、曲福田、诸培新等，2008，《不同兼业类型农户的土地利用行为和效率分析——基于经济发达地区的实证研究》，《资源科学》第10期。

梁爽、姜楠、谷树忠，2005，《城市水源地建设过程中农户受偿意愿评估——以首都水源地为案例》，《辽宁工程技术大学学报》第 5 期。

林德荣、支玲，2010，《退耕还林成果巩固问题研究——基于退耕农户机会成本视角的动态博弈模型》，《北京林业大学学报》（社会科学版）第 1 期。

林国庆、陈吉促、张静贞等，2007，《行政院农业委员会九十六年度科研计划研究报告》，"台北行政院"农业委员会。

林国庆、柳婉郁，2008，《京都规范下价格变动与碳补贴机制对地主土地利用决策之经济分析》，第九届全国实证经济学论文研讨会，台北"国立"台湾大学。

林国庆、柳婉郁，2005，《考量碳吸存效益之杉木造林奖励金分析》，《农业经济半年刊》第 79 期。

林媚珍、陈志云、蔡砥等，2010，《梅州市森林生态系统服务功能价值动态评估》，《中南林业科技大学学报》第 11 期。

刘璨、吕金芝，2004，《我国森林生态效益补偿问题研究（续）》，《绿色中国》（理论版）第 4 期。

刘璨，2003，《森林资源与环境价值分析与补偿问题研究》，《世界林业研究》第 2 期。

刘冬古、刘灵芝、王刚等，2011，《森林生态补偿相关研究综述》，《湖北林业科技》第 5 期。

刘琨，2012，《生态型政府语境下的政府生态补偿责任》，《南京工业大学学报》（社会科学版）第 3 期。

刘丽，2006，《陕西蓝田县森林生态环境补偿问题研究》，硕士学位论文，西北大学。

刘明志，2011，《试论合理确定森林轮伐期》，《中国新技术新产品》第 4 期。

刘某承、伦飞、张灿强等，2012，《传统稻田生态补偿标准的确定——以云南哈尼梯田为例》，《中国生态农业学报》第 6 期。

刘平胜，2010，《试论西部地区政府在生态环境建设中的角色定位》，《商场现代化》第 8 期。

刘喜梅、温桂芳，2012，《二元价值容介态观下的能源价值体系研究》，《广义虚拟经济研究》第 1 期。

刘晓滨，2011，《马克思关于资源价值理论的哲学思考》，《中国商贸》第 9 期。

刘兴元，2011，《藏北高寒草地生态系统服务功能及其价值评估与生态补偿机制研究》，博士学位论文，兰州大学。

刘亚萍、潘晓芳、钟秋平等，2006，《生态旅游区自然环境的游憩价值——运用条件价值评估法和旅行费用法对武陵源风景区进行实证分析》，《生态学报》第 11 期。

刘震、姚顺波，2008，《黄土高原退耕还林补偿标准及补偿年限的实证分析》，《林业经济问题》第 1 期。

刘治兰，2002，《关于自然资源价值理论的再认识》，《北京行政学院学报》第 5 期。

柳婉郁，2005，《最适造林奖励金之研究》，硕士学位论文，国立台湾大学农业经济学研究所。

卢现祥、张翼，2011，《论我国二氧化碳减排治理模式的转型》，《经济纵横》第 8 期。

罗必良，2000，《经济组织的制度逻辑：一个理论框架及其对中国农民经济组织的应用研究》，山西经济出版社。

罗必良，2002，《人民公社失败的制度经济学解理——一个分析框架及其应用》，《华南农业大学学报》（社会科学版）第 1 期。

〔英〕罗杰·珀曼、马越、詹姆斯·麦吉利夫雷、迈克尔·科蒙著，侯元兆主编，2002，《自然资源与环境经济学》（第二版），中国经济出版社。

罗萌、李桂显，2010，《退耕还林（草）不同经营模式对农村经济影响的分析——以陕西省吴起县为例》，《安徽农业》第11期。

马爱慧、蔡银莺、张安录，2010，《基于土地优化配置模型的耕地生态补偿框架》，《中国人口·资源与环境》第10期。

马品懿、王政、朴光洙等，2006，《环境管理自愿协议的法律思考》，《环境保护》第4期。

满明俊、罗剑朝，2007，《退耕还林工程差别化补贴模式实证分析——以陕西81个县为例》，《林业经济研究》（双月刊）第1期。

牛海鹏，2010，《耕地保护的外部性及其经济补偿研究》，博士学位论文，华中农业大学。

欧名豪、宗臻铃、董元华等，2000，《区域生态重建的经济补偿办法探讨——以长江上游地区为例》，《南京农业大学学报》第4期。

欧阳进良、宋春梅、宇振荣等，2004，《黄淮海平原区不同类型农户的土地利用方式选择及其环境影响——以河北省曲周县为例》，《自然资源学报》第1期。

欧阳志云、郑华、岳平，2013，《建立我国生态补偿机制的思路与措施》，《生态学报》第3期。

潘理虎、黄河清、姜鲁光等，2012，《基于人工社会模型的退田还湖生态补偿机制实例研究》，《自然资源学报》第12期。

彭俊，2003，《京津风沙源治理工程新政策出台——私人造林同样享受国家补贴》，《人民日报》2003年1月14日。

彭晓春、刘强、周丽旋等，2010，《基于利益相关方意愿调查的东江流域生态补偿机制探讨》，《生态环境学报》第7期。

秦建明、安志美、史春风等，2006，《对退耕还林补偿标准和补偿年限的思考》，《内蒙古林业调查设计》第1期。

秦建明，2004，《退耕还林还草经济补偿问题研究》，硕士学位论文，中国农业大学。

秦伟、朱清科、赖亚飞，2008，《退耕还林工程生态价值评估与补偿——以陕西省吴起县为例》，《北京林业大学学报》第5期。

秦艳红、康慕谊、张新时，2006，《退耕还林（草）的生态补偿机制完善研究——以西部黄土高原地区为例》，《中国人口·资源与环境》第4期。

秦艳红、康慕谊，2007，《国内外生态补偿现状及其完善措施》，《自然资源学报》第4期。

秦艳红、康慕谊，2011，《基于机会成本的农户参与生态建设的补偿标准——以吴起县农户参与退耕还林为例》，《中国人口·资源与环境》（专刊）第12期。

秦颖、庞文云，2007，《自愿环境协议（VEAs）纯威胁博弈模型的构建与分析》，《经济科学》第6期。

冉瑞平，2007，《论完善退耕还林生态补偿机制》，《生态经济》第5期。

任静、余劲，2013，《退耕还林工程碳汇生态效益补偿研究》，《湖北农业科学》第8期。

任旭峰、李晓平，2011，《中国农户收入最大化与耕地保护行为研究》，《中国人口·资源与环境》第11期。

任憶安、林俊成，1997，《台湾私有林造林奖励方式效果的评估——林农反应调查报告》，《台湾林业科学》第4期。

阮本清、许凤冉、张春玲，2008，《流域生态补偿研究进展与实践》，《水利学报》第10期。

阮成江、李代琼，2001，《安塞人工沙棘林地上部生物量和净初级生产量》，《植物资源与环境学报》第2期。

阮成江、李代琼，1999，《黄土丘陵区沙棘地上部生物量估测模型》，《陕西林业科技》第2期。

沈满洪，2004，《在千岛湖引水工程中试行生态补偿机制的建议》，《杭州科技》第 2 期。

史清华、马述忠、武志刚，2001，《中国农户经济收入增长、机构变迁及根源》，《河北学刊》第 5 期。

邵青还，2004，《德拟对森林生态效益采取补偿措施》，《世界林业动态》第 3 期。

宋西德、白立强、刘天毅，1991，《沙棘人工幼林生物量的研究》，《陕西林业科技》第 3 期。

宋妍，2013，《自愿环境协议的经济学分析——一个企业单边联合供给模型》，《经济经纬》第 1 期。

苏小燕，2003，《环境政策经济手段与规制手段的比较分析——乡镇工业企业环境政策运行绩效研究》，《小城镇建设》第 12 期。

孙拖焕，2003，《参与式方法在退耕还林项目设计中的应用》，《山西林业》第 3 期。

孙文凯、路江涌、白重恩，2007，《中国农村收入流动分析》，《经济研究》第 7 期。

孙贤斌、傅先兰、杨本俊，2011，《安徽省会经济圈水源地生态补偿研究》，《池州学院学报》第 3 期。

谭荣、曲福田，2005，《补贴对林业生产及森林生态效益影响的经济学分析：一个定量分析模型》，《自然资源学报》第 4 期。

唐守正，2010，《加大造林补贴力度 确保实现林木资源增长新目标》，《绿色中国》第 11 期。

唐守正，2010，《造林补贴，林业发展有动力》，《科技日报》。

唐彦，2010，《沙棘播种育苗技术研究》，《科技传播》第 19 期。

唐艳，2008，《资源价格改革中政府的角色与功能定位》，《现代经济探讨》第 4 期。

田琪、张恒铭、杜欣，2011，《我国城市森林公园生态服务补偿制度研究》，《当代经济》第 8 期。

田志会、郑大玮、刘云等，2006，《北京山区小流域土地利用行为调查分析》，《中国水土保持》第 7 期。

王宝山、任玉英、屈海林等，2008，《湟源山坡地梯田退耕还林还草效果研究初报》，《草业科学》第 10 期。

王登举，2004，《日本的私有林经济扶持政策及其借鉴》，《世界林业研究》第 5 期。

王晗生，1996，《黄土高原水土流失区薪炭林发展问题探讨》，《人民黄河》第 6 期。

王焕良、田治威、孟新华等，1994，《林业扶持，促进林业共同发展的选择》，《林业经济》第 5 期。

王惠娜，2010，《自愿性环境政策工具在中国情境下能否有效?》，《中国人口·资源与环境》第 9 期。

王继军、谢永生、卢宗凡等，2004，《退耕还林还草下生态农业发展模式初探》，《水土保护学报》第 1 期。

王镓利、冯华、沈丹，2013，《地方政府在农村公共产品供给过程中的角色定位——以浙江省 H 市农民信箱为例》，《华中师范大学学报》（人文社会科学版）第 2 期。

王金南、万军、张惠远等，2006，《中国生态补偿政策评估与框架初探》，《生态补偿机制与政策设计国际研讨会论文集》，中国环境科学出版社。

王景升、李文华、任青山等，2007，《西藏森林生态系统服务价值》，《自然资源学报》第 5 期。

王军锋、侯超波、闫勇，2011，《政府主导型流域生态补偿机制研究——对子牙河流域生态补偿机制的思考》，《中国人口·资源与环境》第 7 期。

王磊，2009，《不完全产权视角下的退耕还林补偿标准及期限研究》,《生态经济》第 9 期。

王木楠,1989,《确定最优轮伐期的原则及数学模型》,《自然资源学报》第 1 期。

王文慧,2005,《参与式土地规划方式在造林项目中的运用研究》,《陕西林业科技》第 4 期。

王武魁、尹润生、齐家国,2009,《黄河中上游部分地区土地覆盖动态变化研究》,《干旱区资源与环境》第 11 期。

王小玲、沈月琴、朱臻,2013,《考虑碳汇收益的林地期望值最大化及敏感性分析——以杉木和马尾松为例》,《南京林业大学学报》(自然科学版)第 4 期。

王雪梅,2001,《陕西渭北刺槐林分生长收获模型研究》,硕士学位论文,西北农林科技大学。

王燕,2011,《水源地生态补偿理论与管理政策研究》,博士学位论文,山东农业大学。

王洋、聂建华,2011,《自然资源价值论新解》,《中国集体经济》第 30 期。

王周绪、姜全飞,2006,《中国林业行业基准贴现率研究》,《林业经济》第 6 期。

危丽、杨先斌、刘燕,2006,《农户参与意愿与退耕还林政策的可持续性》,《重庆大学学报》(社会科学版)第 6 期。

魏楚、沈满洪,2011,《基于污染权角度的流域生态补偿模型及应用》,《中国人口·资源与环境》第 6 期。

吴林海、侯博、高申荣,2011,《基于结构方程模型的分散农户农药残留认知与主要影响因素分析》,《中国农村经济》第 3 期。

吴伟光、沈月琴、徐志刚,2008,《林农生计、参与意愿与公益林建设的可持续性——基于浙江省林农调查的实证分析》,《中国农村经济》第 6 期。

吴永红，2002，《政府在生物资源开发中的行为与作用》，《农村经济》第 12 期。

吴宗凯、刘广全、匡尚富等，2009，《黄土高原半干旱区退耕地沙棘林密度调控》，《国际沙棘研究与开发》第 3 期。

吴宗凯，2006，《吴起县沙棘资源建设的成就及其做法》，《国际沙棘研究与开发》第 3 期。

伍大荣，1995，《加强自然资源管理的现实选择》，《自然资源》第 1 期。

武曙红、张小全、宋维明，2009，《国际自愿碳汇市场的补偿标准》，《林业科学》第 3 期。

校建民，2004，《密云集水区公益林补偿研究》，博士学位论文，北京林业大学。

星胜田、李立新、张宏志等，2008，《对中央森林生态效益补偿制度的思考》，《防护林科技》第 6 期。

星照华、彭占宗、徐守成，2001，《"四荒"拍卖和治理开发中沙棘资源资产评估初探》，《沙棘》第 1 期。

徐晋涛、陶然、徐志刚，2004，《退耕还林：成本有效性、结构调整效应与经济可持续性——基于本部三省农户调查的实证分析研究》，《经济学（季刊）》第 1 期。

徐中民、张志强、程国栋等，2002，《额济纳旗生态系统恢复的总经济价值评估》，《地理学报》第 1 期。

薛达元，1997，《生物多样性经济价值评估：长白山自然保护区案例研究》，中国环境科学出版社。

闫培华，2003，《种植沙棘走生态经济效益双丰收之路》，《中国水利》第 5 期。

严立冬、张亦工、邓远建，2009，《农业生态资本价值评估与定价模型》，《中国人口·资源与环境》第 4 期。

阎海涛、严伟杰，2007，《论沙棘的经营与管理》，《林业勘查设计》第 4 期。

杨光梅、闵庆文、李文华等，2006，《基于 CVM 方法分析牧民对禁牧政策的受偿意愿——以锡林郭勒草原为例》，《生态环境》第 4 期。

杨军、毛学峰，2005，《对退耕还林中农民选择权认知的经济学分析》，《中国人口·资源与环境》第 2 期。

杨利雅、张立岩，2010，《森林生态补偿制度存在的问题及对策——以辽宁阜新蒙古自治县为例》，《东北大学学报》（社会科学版）第 4 期。

杨萍、张红霄、彭晓民等，2013，《集体林权制度改革对农户造林意愿的影响——基于江西省 6 个案例村农户调查》，《西北农林科技大学学报》（社会科学版）第 3 期。

杨旭东、李敏、杨晓勤，2002，《试论退耕还林的经济理论基础》，《北京林业大学学报》（社会科学版）第 4 期。

杨旭东、王聪，2003，《聚集六大工程　退耕还林与机会成本》，《林业经济》第 12 期。

杨艺渊、高亚琪，2011，《新疆退耕还林工程碳汇效益评价——以塔城地区为例》，《林业资源管理》第 6 期。

叶伟，2009，《济南长清区森林生态环境补偿研究》，硕士学位论文，山东师范大学。

雍新琴、张安录，2011，《基于机会成本的耕地保护农户经济补偿标准探讨——以江苏省铜山县小张村为例》，《农业现代化研究》第 5 期。

于金娜、姚顺波，2012，《基于碳汇效益视角的最优退耕还林补贴标准研究》，《中国人口·资源与环境》第 7 期。

于敏，2009，《环境会计非倾向计量方法分析——基于环境资源价值理论》，《财会通讯》第 2 期。

俞海、任勇，2007，《生态补偿的理论基础：一个分析性框架》,《城市环境与城市生态》第2期。

禹雪中、冯时,2011,《中国流域生态补偿标准核算方法分析》,《中国人口·资源与环境》第9期。

詹黎锋、杨建州、张兰花等,2012,《农户造林投资行为影响因素实证研究——以福建省为例》,《福建农林大学学报》(哲学社会科学版) 第2期。

占绍文、王云玲,2002,《退耕还林的经济学分析》,《西安建筑科技大学学报》(社会科学版) 第1期。

张春霞、苏时鹏等著,2010,《私有林经营规模效率研究》,中国林业出版社。

张春霞等著,2008,《私有林经营意愿与补贴制度研究》,中国林业出版社。

张得才,2005,《利用WTO"绿箱"措施创新中国林业补贴政策研究》,硕士学位论文,北京林业大学。

张帆、李东,2007,《环境与自然资源经济学》(第2版),人民出版社。

张广华、贺立勇、张明浩等,2005,《白龙江林区森林资源价值评价研究》,《甘肃农业大学学报》第6期。

张海鹏、徐晋涛,2010,《中国的生态造林:基于市场化方式》,载陈建成,田明华,陈绍成(主编),《低碳经济时代的林业技术与管理创新》,中国林业出版社。

张吉国、胡继连,2003,《退耕还林的外部性及政府行为》,《林业经济问题(双月刊)》第5期。

张建伟,2008,《政府环境责任论》,中国环境科学出版社。

张建肖,2009,《陕南秦巴山区生态补偿研究》,硕士学位论文,西北大学。

张婧,2011,《关于自然资源价值的探讨》,《经济论坛》第9期。

张军连、陆诗雷，2002，《退耕还林工程中补偿政策的经济学分析及相关建议》，《林业经济》第7期。

张丽华、刘新平，2011，《基于农户调查退耕还林（草）意愿分析——以博尔塔拉蒙古自治州为例》，《新疆农业科学》第4期。

张莉莉，2010，《人工用材林经济利用优化分析方法的研究》，博士学位论文，北京林业大学。

张眉、刘伟平，2010，《我国生态公益林补偿标准问题探讨》，《世界林业研究》第3期。

张维迎，1997，《博弈论与信息经济学》（第2版），上海人民出版社。

张维迎，1996，《博弈论与信息经济学》（第1版），上海人民出版社。

张翼飞，2008，《居民对生态环境改善的支付意愿与受偿意愿差异分析——理论探讨与上海的实证》，《西北人口》第4期。

张颖、吴丽莉、苏帆等，2010，《我国森林碳汇核算的计量模型研究》，《北京林业大学学报》，第2期。

张志强、徐中民、程国栋等，2002，《黑河流域张掖地区生态系统服务恢复的条件价值评估》，《生态学报》第60期。

张志涛、李天送、许慧娟，2010，《公共财政扶持人工商品用材林发展研究》，《林业经济问题》第4期。

张治兰，2002，《关于自然资源价值理论的再认识》，《北京行政学院学报》第5期。

张祖荣，2001，《我国森林社会效益经济评价初探》，《重庆师专学报》第3期。

赵军、杨凯，2004，《自然资源福利计量的参数模型与表征尺度：理论与应用比较》，《自然资源学报》第6期。

赵敏娟、姚顺波，2012，《基于农户生产技术效率的退耕还林政策评价——黄土高原区 3 县的实证研究》，《中国人口·资源与环境》第 9 期。

赵娜，2006，《农村税费改革对陕西农民收入的影响》，《当代经理人》第 7 期。

赵秀丽、吴志国、黄俊莲等，2005，《浅山区森林采伐木材生产成本核算管理的研究》，《林业财务与会计》第 5 期。

郑少红，2007，《福建农民合作经济组织制度创新研究》，博士学位论文，福建农林大学。

支玲、李怒云、王娟等，2004，《西部退耕还林经济补偿机制研究》，《林业科学》第 2 期。

钟太洋、黄贤金、翟文侠等，2005，《政策性地权安排对土地利用变化的影响研究——基于江西省丰城市退耕还林农户问卷调查的一个分析》，《南京大学学报》（自然科学版）第 4 期。

周万清、葛宝山，2009，《资源价值理论研究综述》，《情报科学》第 11 期。

朱蕾、吕杰，2007，《林业生产决策者收益平衡条件下生态效益补偿优化研究——关于生态效益补偿标准设计的方法》，《辽宁林业科技》第 3 期。

朱臻、沈月琴、吴伟光等，2013，《碳汇目标下农户森林经营最优决策及碳汇供给能力——基于浙江和江西两省调查》，《生态学报》第 8 期。

Kant Promode，2003，《印度热带生态系统碳汇项目的真实成本：收效性的经济分析》，载国家林业局政策法规司主编《碳交换机制和公益林补偿研讨会论文汇编》，林业出版社。

Adams R. M., Adams D. M., Callaway J. M., et al., 1993, Sequestering Carbon on Agricultural Land: Social Cost and Impacts on Timber markets. *Contemporary Economic Policy*, 11.

Adesina A. A., Zinnah M. M., 1993, Technology Characteristics, Farmer's Perceptions and Adoption Decisions: A Tobit Model Application in Sierra Leone, *Agricultural Economics*, 9.

Alberini A., Segerson K., 2002, Assessing Voluntary Programs in Improve Environmental Quality, *Environmental and Resource Economics*, 1 – 2.

Alvarez L. H. R., Koskela E., 2003, On Forest Rotation Under Interest Rate Variability, *International Tax and Public Finance*, 4.

Alvarez L. H. R., Koskela E., 2007, Taxation and Rotation Age under Stochastic Forest Stand Value, *Journal of Environmental Economics and Management*, 1.

Andrews R., 1998, Environmental Regulation and Business Self-regulation, *Policy Sciences*, 31.

Asante P., Armstrong G. W., Adamowicz W. L., 2011, Carbon Sequestration and the Optimal Forest Harvest Decision: A Dynamic Programming Approach Considering Biomass and Dead Organic Matter, *Journal of Forest Economics*, 1.

Asante P., Armstrong G. W., 2012, Optimal Forest Harvest Age Considering Carbon Sequestration in Multiple Carbon Pools: A Comparative Statics Analysis, *Journal of Forest Economics*, 2.

Baggott R., 1986, By Voluntary Agreement: the Politics of Instrument Selection, *Public Administration*, 1.

Barde J. P., Gerelli E., 1992, *Economie et Politique de l'environment* (2nd Edition), Presses Universitaires De France.

Bateman I. J., Carson R. T., Hanemann M., et al., 2002, *Economic Valuation with Stated Preference Techniques: A Manual*, Edward Elgar.

Becker G. S., 1962, Irrational Behavior and Economic Theory, *The Journal of Political Economy*, 1.

Benítez P. , McCallum I. , Obersteiner M. , et al. , 2004, Global Supply for Carbon Sequestration: Identifying Least-cost Afforestation Sites under Country Risk Considerations, *International Institute for Applied Systems Aanlysis.*

Benítez P. C. , Kuosmanen T. , Olschewski R. , et al. , 2006, Conservation Payments under Risk: A Stochastic Dominance Approach. *American Journal of Agricultural Economics*, 1.

Bennett M. T. , 2008, China's Sloping Land Conversion Program: Institutional Innovation or Business as Usual? *Ecological Economics*, 4.

Binswanger H. P. , 1980, Attitude toward Risk: Experimental Measurement in Rural India. *American Journal of Agricultural Economics*, 3.

Bishop R. C. , Heberlein T. A. , 1979, Measuring Values of Extra-market Goods: Are Indirect Measures Biased? *American Journal of Agricultural Economics*, 5.

Bonnieux F. , Desaigues B. , 2002, Social costs and benefits of an improvement of municipal waste management: A contingent valuation, Revue d'Éconmie Régionale & Urbaine, 3.

Bowker J. M. , Stoll J. R. , 1998, Use of Dichotomous Choice Nonmarket Methods to Value the Whooping Crane Resource, *American Journal of Agricultural Economics*, 2.

Boyland M. , 2006, The Economics of Using Forests to Increase Carbon Storage. *Canadian Journal of Forest Research*, 9.

Brookshire D. S. , Crocker T. D. , 1981, The Advantages of Contingent Valuation Methods for Benefit-cost Analysis, *Public Choice*, 2.

Brown C. , 2000, The Global Outlook for Future Wood Supply from Forest Plantations, Global Forest Products Outlook Study Working Paper Series, FAO.

Brown T. C. , Gregory R. , 1999, Why the WTA-WTP Disparity Matters, *Ecological Economics*, 3.

Bulte E. , Gerking S. , List J. A. , et al. , 2005, The Effect of Varying the Causes of Environmental Problems on Stated WTP values: evidence from a field study, *Journal of Environmental Economics and Management*, 2.

Calish S. , Fight R. , Teeguarden D. , 1978, How do Nontimber Values Affect Douglas Fir Rotations? *Journal of Forestry*, 4.

Campbell H. F. , Jennings S. M. , 2004, Non-Timber Values and the Optimal Forest Rotation: An Application to the Southern Forest of Tasmania, *Economic Record*, 251.

Carlsson F. , Frykblom P. , Hohan Lagerkvist C. , 2005, Using Cheap Talk as a Test of Validity in Choice Expernments, *Economics Letters*, 2.

Carmines E. G. , Zeller R. A. , 1979, Reliability and Validity Assessment, *Beverly Hills Calif*, 1.

Carson R. T. , Hanemann W. M. , Kopp R. J. , et al. , 1988, Referendum Design and Contingent Valuation: The NOAA Panel's No-Vote Recmmendation, The Review of Economics and statistics, 2.

Carson R. T. , Mitchell R. C. , Hanemann M. , et al. , 2003, Contingent Valuation and Lost Passive Use: Damages from the Exxon Valdez Oil Spill, *Environmental and Resource Economics*, 3.

Carson R. T. , Mitchell R. C. , 1993, The Value of Clean Water: The Public's Willingness to Pay for Boatable, Fishable, and Swimmable Quality Water, *Water Resources Research*, 7.

Carson R. T. , 1997, Contingent Valuation Surveys and Tests of Insensitivity to Scope//*Determining the Value of Non-Marketed Goods*, Boston: Kluwer.

Castro E. , Costa Rican, 2001, Experience in the Charge for Hydro Environmental Services of the Biodiversity to Finance Conservation and Recuperation of Hillside Ecosystems, The International workshop on market creation for biodiversity products and services, OECD.

Champ P. A. , Biship R. C. , Brown T. C. , et al. , 1997, Using Donation Mechanisms to Value Non-Use Benefits from Public Goods, *Journal of Environmental Economics and Management*, 2.

Champ P. A. , Boyle K. J. , Brown R. E. , 2003, A Primer on Non-market Valuation, Kluwer Academic Publishers.

Chang S. J. , Gadow K. V. , 2010, Application of the Generalized Faustmann Model to Uneven-Aged Forest Management, *Journal of Forest Economics*, 4.

Chang S. J. , 1983, Rotation Age, Management Intensity and the Economic Factors of Production: Do Changes in Stumpage Price, Interest Rate, Regeneration Costs and Forest Taxation Matter, *Forest Science*, 2.

Chang S. J. , 1998, A Generalized Faustmann Model for the Determination of Optimal Harvest Age. *Canadian Journal of Forest Research*, 5.

Chazdon R. L. , 2008, Beyond Deforestation: Restoring Forests and Ecosystem Services on Degraded Lands, *Science*, 5882.

Chladná Z. , 2007, Determination of Optimal Rotation Period under Stochastic Wood and Carbon Prices, *Forest Policy and Economics*, 8.

Ciriacy-Wantrup S. V. , 1947, Capital Returns Rrom Soil-Conservation Practices, *Journal of Farms Economics*, 29.

Cossalter C. , Pye-Smith C. , 2003, Fast-Wood Forestry—Myths and Realityies, Center for International Forestry Research.

Cummings R. C. , Taylor L. O. , 1998, Does Realism Matter in

Contingent Valuation Survey? *Land Economics*, 2.

Cummings R. C. , Taylor L. O. , 1999, Unbiased Value Estimates for Environmental Goods: A Cheap Talk Design for Contingent Valuation Method, *American Economic Review*, 3.

Cummings R. G. , Brookshire D. S. , Schulze W. D. , 1986, Valuing Environmental Goods: An Assessment of the Contingent Valuation Method, *Economic Geography*, 4.

Daigneault A. J. , Miranda M. J. , Sohngen B. , 2010, Optimal Forest Management with Carbon Sequestration Credits and Endogenous FireRisk, *Land Economics*, 1.

Daily G. C. , 1997, Nature's Services: Societal Dependence on Natural Ecosystem, Island Press, Washington DC.

Damianos D. , Giannakopoulos N. , 2002, Farmers'participation in Agri-Environmental Schemes in Greece, British Food Journal, 3/4/5.

Davis R. K. , 1963, Recreation Planning as an Economic Problem, *Natural Resources Journal*, 2.

Dhubháin á. N. , Maguire K. , Farrelly N. , 2010, The Harvesting Behavior of Irish Private Forest Owners, *Forest Policy and Economics*, 7.

Díaz-Balteiro L. , Rodriguez L. C. E. , 2006, Optimal Rotations on Eucalyptus Plantations Including Carbon Sequestration——A Comparison of Results in Brazil and Spain. *Forest Ecology and Management*, 1 - 3.

Díaz-Balteiro L. , Romero C. , 2003, Forest Management Optimization Models when Carbon Captured in Considered: A Goal Programming Approach, *Forest Ecology and Management*, 1 - 3.

Dolisca F. , Carter D. R. , McDaniel J. M. , et al. , 2006, Factors Influencing Farmers' Participation in Forestry Management Programs: A

Case Study from Haiti, *Forest Ecology and Management*, 2.

Du S. G. , 1994, A Survey on Tenure of Torest Lands and Trees in Pingxi Township, Zixian County, Sichuan, *Forestry and Society*, 4.

Engel S. , Pagiola S. , Wunder S. , 2008, Designing Payments for Environmental Services in Theory and Practice: An Overview of the Issues, *Ecological Economics*, 4.

Englin J. , Callaway J. , 1995, Environmental Impacts of Sequestering Carbon through Forestation, *Climate Change*, 1.

Fang J. Y. , Chen A. P. , Peng C. H. , et al. , 2001, Changes in Forest Biomass Carbon Storage in China between 1949 and 1998, Science, 5525.

Faustmann M. , 1849, Calculation of the Value which Forest Land and Immature Stands Possess for Forestry, *Journal of Forest Economics*, 1.

Fearnside P. , 1995, Global Warming Response Options in Brazil's Forest Sector: Comparison of Project-Level Costs and Benefits, *Biomass and Bioenergy*, 5.

Frank G. , Müller F. , 2003, Voluntary Approaches in Protection of Forests in Austria, *Environmental Science and Policy*, 3.

Gan J. , Kolison Jr. S. H. , Colletti J. P. , 2001, Optimal Forest Stock and Harvest with Valuing Non-Timber Benefits: A Case of US Coniferous Forests, *Forest Policy and Economics*, 2.

Gittinger P. , 1982, *Economic Appraisal of Agricultural Projects* (2nd ed.), John Hopkins University Press.

Goodin R. E. , 1986, The Principle of Voluntary Agreement, *Public Administration*, 4.

Gustafsson L. , Nummi T. , 2004, Luonnonarvokauppa Vuonna 2003, Luonnonarvokaupan Kokeilun Vuosiraportti, Lounais-Suomen

Metsäkeskus.

Hamal K. B. , Anderson J. R. , 2012, A Note on Decreasing Absolute Risk Aversion among Farmers in Nepal, *Australian Journal of Agricultural and Resource Economics*, 3.

Hartman R. , 1976, The Harvesting Decision When a Standing Forest Has Value, *Economic Inquiry*, 1.

He Y. J. , Chen J. , Li Z. Y. , 2010, A Study of Afforestation Subsidy for Multi-Purpose Forestry Development under Global Climate Change: Overseas Experiments and Implication, *Chinese Forestry Science and Technology*, 4.

Helms J. A. , 1998, The Dictionary of Forestry, *Society of American Foresters*, 12.

Henderson-Sellers B. , Hnederson-Sellers A. , 1996, Sensitivity Evaluation of Environmental Models using Fractional Factorial Experimentation, *Ecological Model*, 2.

Highley C. J. , Leveque F. , 2001, Environmental Voluntary Approaches: Research Insights for Policy-Makers, Fundazione Eni Enrico Mattei.

H. M. Treasury, United Kingdom, 2007, *The Green Book-Appraisal and Evaluation in Central Government*, London, United Kingdom.

Hoel M. , Holtsmark B. , Holtsmark K. , 2012, Faustmann and Climate, SURED 2012 Discussion Papers No. 701.

Hoen H. F. , Eid T. , Økseter P. , 2006, Efficiency Gains of Cooperation between Properties under Varying Target Levels of Old Forest Area Coverage, *Forest Policy and Economics*, 2.

Hoen H. F. , Solberg B. , 1994, Potential and Economic Efficiency of Carbon Sequestration in Forest Biomass through Silvicultural Management, *Forest Science*, 3.

Hoen H. F. , Solberg B. , 2000, Policy Options in Carbon Sequestration via Sustainable Forest Management—An Example from the North. In: Palo M. (Ed.) , Forest Transitions and Carbon Fluxes—Global Scenarios and Policies, World Development Studies.

Hoen H. F. , 1994, The Faustmann Rotation in the Presence of a Positive CO_2 – Price. In: M. Lindahl, F. Helles (Eds.) , Proceedings of the Biennial Meeting of the Scandinavian Society of Forest Economics, Gilleleje, Denmark.

Holtsmark B. , Hoel M. , Holtsmark K. , 2013, Optimal Harvest Age Considering Multiple Carbon Pools-A Comment, *Journal of Forest Economics*, 1.

Hoog M. D. , 1998, Environmental Agreements in the Netherlands: Sharing the Responsibility for Sustainable Industrial Development, *Industry and Environment*, 1/2.

Horne P. , Koskela T. , Ovaskainen V. , 2004, Metsänomistajien ja kansalaisten näkemykset metsäluonnon monimuotoisuuden turvaamisesta, Metsäntutkimus-laitoksen tiedonantoja.

Horne P. , 2006, Forest Owners' Acceptance of Incentive based Policy Instruments in Forest Biodiversity Conservation—A Choice Experiment based Approach, *Silva Fennica*, 1.

Horowitz J. K. , McConnell K. E. , 2002, A Review of WTA/WTP Studies, *Journal of Environmental Economics and Management*, 3.

Huang C. H. , Kronrad G. D. , 2001, The Cost of Sequestering Carbon on Private Forest Lands, *Forest Policy and Economics*, 2.

Huang M. , Upadhyaya S. K. , 2007, Watershed-based Payment for Environmental Services in Asia, USDA Working Paper.

Hyde W. F. , 1980, Timber Supply, Land Allocation and Economic Efficiency, Johns Hopkins Press, Baltimore.

Immerzeel W. , Stoorrogel J. , Antle J. , 2008, Can Payments for Ecosystem Services Secure the Water Tower of Tibert? *Agricultural Systems*, 1 – 3.

Inne R. , 2000, The Economics of Taking and Compensation when Land and its Public Use Values are in Private Hands, *Land Economics*, 2.

Innes R, Polasky R, Tschirhart J. 1998. Takings, compensation and endangered species protection on private lands. *Journal of Economic Perspectives*, 12 (12): 35 – 52

Irland L. C. , Cline M. , 1999, Role of Northeastern Forests and Wood Products in Carbon Sequestration, CONEG Policy Research Center, Inc.

Jayaraman K. , Rugmini P. , 2008, Optimizing Management of E-ven-Aged Teak Stands using Growth Simulation Model: A Case Study in Kerala, *Journal of Tropical Forest Science*, 1.

Juutinen A. , Mäntymaa E. , Mönkkönen M. , et al. , 2008, Voluntary Agreements in Protecting Privately Owned Forests in Finland-to Buy or to Llease? *Forest Policy and Economics*, 4.

Kaczan D. , Swallow B. M. , Adamowicz W. L. , 2013, Designing a Payments for Ecosystem Services (PES) Program to Reduce Deforestation in Tanzania: An Assessment of Payment Approaches, *Ecological Economics*, 10.

Kalacska M. , Sanchez-Azofeifa G. A. , Rivard B. , et al. , 2008, Baseline Assessment for Environmental Services Payments from Satellite Imagery: A Case Study from Costa Rica and Mexico, *Journal of Environmental Management*, 2.

Karppinen H. , 2000, Forest Value and the Objectives of Forest

Ownership, Finnish Forest Research Institute, Doctoral Dissertation.

Keles S. , 2010, Forest Optimization Models Including Timber Production and Carbon Sequestration Values of Forest Ecosystems: A Case Study, *International Journal of Sustainable Development and World Ecology*, 6.

Khanna M. , 2001, Non-Mandatory Approach to Environmental Protection, *Journal of Economic Surveys*, 3.

Klemperer P. , 2004, Auctions: Theory and Practice, Princeton University Press.

Kohlmaier G. H. , Bröhl. H. , Fischbach U. , et al. , 1982, Modelling Aspects of Global Carbon Cycle. In: Georgii H. W. , Jaeschke W. (eds) Chemistry of the Unpolluted and Polluted Troposphere. NATO Advanced Study Institutes Series (Series C—Mathematical and Physical Sciences), Vol 96. Springer, Dordrecht. DOI: https://doi. org/10. 1007/979 - 94 - 009 - 7918 - 5_8.

Kollman K. , Prakash A. , 2002, EMS-based Environmental Regimes as Club Goods: Examing Variations in Form-Level Adoption of ISO 140001 and EMAS in U. K. , U. S. and Germany, *Policy Sciences*, 1.

Koskela E. , Ollikainen M. , Pukkala T. , 2007, Biodiversity Conservation in Commercial Boreal Forestry the Optimal Rotation Age and Retention Tree Volume, *Forest Science*, 3.

Kosoy N. , Martinez-Tuna M. , Muradian R. , et al. , 2007, Payments for Environmental Services in Watersheds: Insights from a Comparison Study of Three Cases in Central America, *Ecological Economics*, 2.

Köthke M. , Dieter M. , 2010, Effects of Carbon Sequestration Rewards on Forest Management-An Empirical Application of Adjusted

Faustmann Formulae, *Forest Policy and Economics*, 8.

Krishna V. , 2009, Auction Theory, Elsevier Press.

Kroeger T. , Casey F. , 2007, An Assessment of Marketed based Approaches to Providing Ecosystem Services on Agricultural Lands, *Ecological Economics*, 2.

Landell-Mills N. , Bishop J. , Porras I. , 2001, Silver Bullet or Fools' Gold? A global Review of Market for Forest Environmental Services and Their Impacts on the Poor, International Institute for Environment and Development (IIED) .

Langpap C. , Wu J. J. , 2004, Voluntary Conservation of Endangered Species: When does No Regulatory Assurance Mean No Conservation? *Journal of Environmental Economics and Management*, 3.

Langpap C. , 2004, Conservation Incentives Programs for Endangered Species: An Analysis of Landowner Participation, *Land Economics*, 3.

Latacz-Lohmann U. , Van der Hamsvoort C. , 1997, Auctioning Conservation Contracts: A Theoretical Analysis and an Application, *American Journal of Agricultural Economics*, 2.

Layton D. F. , Siikamäki J. , 2009, Payments for Ecosystem Services Programs: Predicting Landowner Enrollment and Opportunity Cost using a Beta-Binomial Model, *Environmental and Resources Economics*, 3.

Lee K. J. , Kaiser H. F. , Alig R. J. , 1992, Substitution of Public for Private Funding in Planting Southern Pine, *Southern Journal of Applied Forestry*, 4.

Limaei S. M, , Namdari S. , Bonyad A. E. , et al. , 2011, Economically Optimal Cutting Cycle in a Beech Forest, Iranian Caspian Forests, *Caspian Journal of Environmental Sciences*, 2.

Liu Dachang, 2001, Tenure and Management of Non-State Forests in China since 1950: A Historical Review, Environmental History, 2.

Liu W. Y. , Lin C. C. , Lin K. C. , 2009, Modeling the Optimal Environment Service Payment for Afforestation Program, ICECS'09 Proceedings of the 2009 Second International Conference on Environmental and Computer Science, IEEE Computer Society Washington, DC, USA.

Lynch L. , Lovell S. J. , 2003, Combining Spatial and Survey Data to Explain Participation in Agricultural Land Preservation Programs, *Land Economics*, 2.

Lynne G. D. , Shonkwiler J. S. , Rola L. R. , 1988, Attitudes and Farmer Conservation Behavior, *American Journal of Agricultural Economics*, 1.

Lyon T. P. , Maxwell J. W. , 1999, Corporate Environmental Strategies as Tools to Influence Regulation, *Business Strategy and the Environment*, 3.

Lyon T. P. , Maxwell J. W. , 2000, "Voluntary" Approaches to Environmental Regulation: A Survey, *Economic Institutions and Environmental Policy*, 7.

Macmillan D. C. , Harley D. , Morrison R. , 1998, Cost-Effectiveness Analysis of Woodland Ecosystem Restoration, *Ecological Economics*, 3.

Maguire K. , 2009, Does Made Matter? A Comparison of Telephone, Mail, and In-Person Treatments in Contingent Valuation Surveys, *Journal of Environmental Management*, 11.

Maharana I. , Rai S. C. , Sharma E. , 2000, Environmental Economics of the Khangchendzonga National Park in the Sikkim Himalaya, India, Geo Journal, 4.

Mankiw N. G. , 2003, Principle of Economics, Peking University Press.

Mäntymaa E. , Juutinen A. , Mönkkönen M. , et al. , 2009, Participation and Compensation Claims in Voluntary Forest Conservation: A Case of Privately Owned Forests in Finland, *Forest Policy and Economics*, 7.

Marland G. , Schlamadinger B. , Leiby P. , 1997, Forest/Biomass based Mitigation Strategies: Does the Timing of Carbon Reductions Matter? Critical Reviews in Environmental Science and Technology, sup001.

Matta J. R. , Alavalapati J. R. R. , Stainback G. A. , 2009, Effect of Conserving Habitat for Biodiversity on Optimal Management of Non-Industrial Private Forests in Florida, *Journal of Forest Economics*, 4.

Maxwell J. W. , Lyon T. P. , Hackett S. C. , 2000, Self-Regulation and Social Welfare: The Political Economy of Corporate Environmentalism, *Journal of Law and Economics*, 2.

Maxwell J. W. , Lyon T. P. , 2001, An Institutional Analysis of US Voluntary Environmental Agreements. In: Orts E, Deketelaere K. (Eds.), Environmental Contracts: Comparative Approaches to Regulatory Innovation in Europe and the United States, Kluwer Law International, Dordrecht.

McConnell K. E. , Daberkow J. N. , Hardie I. W. , 1983, Planning Timber Production with Evolving Prices and Costs. *Land Economics*, 3.

McKenney D. W. , Yemshanov D. , Fox G. , et al. , 2004, Cost Estimates for Carbon Sequestration from Fast Growing Poplar Plantations in Canada. *Forest Policy and Economics*, 3.

Mehmood S. R. , Zhang D. , 2002, Causes of State Cost-Share Programs for Non-Industrial Private Forest Landowners, *Forest Policy Center*, 3.

Michael J. A. , 2003, Combining Spatial and Survey Data to Explain Participation in Agricultural Land Preservation Programs, *Land Economics*, 2.

Michael J. A. , 2003, Efficient Habitat Protection with Diverse Landowners and Fragmented Landscapes, *Environmental Science and Policy*, 3.

Millennium Ecosystem Assessment, 2005, *Ecosystems and Human Well-being: A Framework for Assessment.* Island Press, Washington, DC.

Mitchell R. C. , Carson R. T. , 1989, *Using Surveys to Value Public Goods: the Contingent Valuation Method*, Washington DC: Resources for the Future, 1.

MOA, 1996, *China Agricultural Yearbook* 1995, China Agricultural Publishing House.

Moran D. , 1994, Contingent Valuation and Biodiversity: Measuring the User Surplus of Kenyan Protected Areas, *Biodiversity and Conservation*, 8.

Murray B. C. , 2000, Carbon Values, Reforestation, and "Perverse" Incentives under the Kyoto Protocol: An Empirical Analysis, *Mitigation and Adaptation Strategies for Global Change*, 3.

Newell R. G. , Stavins R. N. , 2000, Climate Change and Forest Sinks: Factors Affecting the Costs of Carbon Sequestration, *Journal of Environmental Economics and Management*, 3.

Newman D. H. , Gilbert C. E. , Hyde W. F. , 1985, The Optimal Forest Rotation with Evolving Prices, *Land Economics*, 5.

Newmark W. D. , Leonard N. L. , Sariko H. I. , et al. , 1993, Conservation Attitudes of Local People Living Adjacent to Five Protected areas in Tanzania, *Biological Conservation*, 2.

Nguyen D. , 1979, Environmental Services and the Optimal Rotation Problem in Forest Management, *Journal of Environmental Management*, 8.

Nhung N. T. H. , 2009, Optimal Forest Management for Carbon Sequestration: A case study of Eucalyptus Urophylla and Acacia Mangium in Yen Bai Province, Vietnam, Singapore: EEPSEA.

Nilsson S. , Schopfhauser W. , 1995, The Carbon-Sequestration Potential of a Global Afforestation Program, *Climatic Change*, 3.

Nunes P. , Schokkaert E. , 2003, Identifying the Warm Glow Effect in Contingent Valuation, *Journal Environmental Economics and Management*, 2.

Obschatko E. S. D. , Foti M. P. , Román M. E. , et al. , 2010, Global Forest Resources Assessment 2010: Main Report, FAO Forestry Paper.

Olschewski R. , Benítez P, C. , 2010, Optimizing Joint Production of Timber and Carbon Sequestration of Afforestation Projects, *Journal of Forest Economics*, 1.

Ovando P. , Campos P. , Oviedo J. L. , et al. , 2010, Private Net Benefits from Afforesting Marginal Cropland and Shrubland with Cork Oaks in Spain, *Forest Science*, 6.

Paarsch H. J. , Rust J. , 2004, Stochastic Dynamic Programming in Space: An Application to British Columbia Forestry, Society for Economic Dynamics.

Pagiola S. , Arcenas A. , Platais G. , 2005, Can Payments for Environmental Services Help Reduce Poverty? An Exploration of the Issues and the Evidence to Date from Latin America, *World Development*, 2.

Pagiola S. , Rios A. R. , Arcenas A. , 2010, Poor Household Participation in Payments for Environmental Services: Lessons from the

Silvopastoral Project in Quindío, Colombia, *Environmental and Resource Economics*, 3.

Pagiola S. , 2007, Payments for Environmental Services: From Theory to Practice, Global Workshop on Payments for Environmental Services, Mataram, Indonesia.

Karamanos P. , 2001, Voluntary Environmental Agreements: Evolution and Definition of a New Environmental Policy Approach, *Journal of Environmental Planning and Management*, 1.

Parks P. , Hardie I. , 1995, Least-Cost Forest Carbon Reserves: Cost-Effective Subsidies to Convert Marginal Agricultural Land to Forests, *Land Economics*, 1.

Pasalodos-Tato M. , Pukkala T. , 2007, Optimizing the Management of Even-Aged Pinus Sylvestris L. Stands in Galicia, North-Western Spain, *Annals of Forest Science*, 7.

Pasalodos-Tato M. , Pukkalo T. , Castedo-Dorado E. , 2009, Models for the Optimal Management of Pinus Radiate D. Don in Galicia (North-Western Spain) under Risk of Fire, Allgemeine Forest Und Jagdzeitung, 11/12.

Pearce D. W. , Cairns J. , Elliot R. , et al. , 1992, The MIT Dictionary of Modern Economics, MIT Press, Cambridge, *Massachusetts*, 2.

Penttinen M. J. , 2000, Timber Harvesting with Variable Prices and Costs, Internationsl Institute for Applied Systems Analysis.

Pereira S. N. C. , 2010, Payment for Environmental Services in the Amazon Forest: How Can Conservation and Development be Reconciled? *The Journal of Environment and Development*, 2.

Plantinga A. J. , Alig R. , Cheng H. T. , 2001, The Supply of Land for Conservation Uses: Evidence from the Conservation Reserve Program, *Resources, Conservation and Recycling*, 3.

Plantinga A. J. , 1997, The Cost of Carbon Sequestration in Forests: A Positive Analysis, Critical Reviews in Environmental Science and Technology, sup001.

Polasky S. , Doremus H. , 1998, When the Truth Hurts: Endangered Species Policy on Private Land with Imperfect Information, *Journal of Environmental Economics and Management*, 35.

Povellato A. , Bosello F. , Giupponi C. , 2007, Cost-Effectiveness of Greenhouse Gases Mitigation Measures in the European Agro-Forestry Sector: A Literature Survey, *Environmental Seience and Policy*, 5.

Price C. , Willis R. , 1993, Time, Discounting and the Valuation of Forestry's Carbon Fluxes, *Common Wealth Forestry Review*, 4.

Pukkala T. , Miina J. , 1997, A Method for Stochastic Multiobjective Optimization of Stand Management, *Forest Ecology and Management*, 2.

Qin A. C. , Zhao L. S. , 1998, An Improved Faustmann Model and its application to Calculation of Forest Economic Maturity, Journal of Beijing Forestry University (English Ed.) , 2.

Qin Y. H. , Kang M. Y. , 2007, A Review of Ecological Compensation and its Improvement Measures, *Journal of Natural Resources*, 4.

Ramlal E. , Yemshanov D. , Fox G. , et al. , 2009, A Bioeconomic Model of Afforestation in Southern Ontario: Integration of Fiber, Carbon and Municipal Biosolids Values, *Journal of Environmental Management*, 5.

Rautiainen O. , Pukkala T. , Miina J. , 2000, Optimizing the Management of Even-Aged Shorea Robusta Stands in Southern Nepal using Individual Tree Growth Models, *Forest Ecology and Management*, 3.

Riera P. , Signorello G. , Thiene M. , et al. , 2012, Non-Market

Valuation of Forest Goods and Services: Good Practice Guidelines, *Journal of Forest Economics*, 4.

Rivera J. , 2002, Assessing a Voluntary Environmental Initiative in the Developing World: The Costa Rican Certification for Sustainable Tourism, *Policy Sciences*, 4.

Rolfe J. , Windle J. , 2011, Using Auction Mechanisms to Reveal Costs for Water Quality Improvements in Great Barrier Reef Catchments in Australia, *Agricultural Water Management*, 4.

Romero C. , Ros V. , Díaz-Balteiro L. , 1998, Optimal Forest Rotation Age when Carbon Captured is Considered: Theory and Application, *Journal of the Operational Research Society*, 2.

Row C. , Kaiser H. F. , Sessions J. , 1981, Discount Rate for Long-Term Forest Service Investments, *Journal of Forestry*, 6.

Samuelson P. , 1976, Economics of Forestry in an Evolving Society, *Journal of Natural Resources Policy Research*, 4.

Scatena F. N. , Moya S. , Estrada C. , et al. , 1996, *The First Five Years in the Reorganization of Aboveground Biomass and Nutrient Use Following Hurricane Hugo in the Bisley Expernmental Watersheds, Luquillo Experimental Forest, Puerto Rico*, Biotropica, 4a.

Schultze W. D. , Brookshire D. S. , Walther E. G. , et al. , 1983, Economic Benefits of Preserving Visibility in the National Parklands of the Southwest, *Natural Resources Journal*, 1.

Scott A. , 1965, *The Valuation of Game Resources: Some Theoretical Aspects, Canadian Fisheries Report*, Department of Fisheries of Canada, Ottawa, Ontario.

Segerson K. , Miceli T. , 1998, Voluntary Environmental Agreements: Good or Bad News for Environmental Protection? *Journal of Environmental Economics and Management*, 2.

Segerson K. , Miceli T. J. , 1997, *Voluntary Approaches to Environmental Protection*: *The Role of Legislative Threats*, *The Economics of Law and Voluntary Approaches in Environmental Policy*, Sponsored by Fondazione ENI Mattei and Cerna, Venice, Italy.

Siegel P. B. , Johnson T. G. , 1991, Break-Even Analysis of the Conservation Reserve Program: The Virginia Case, *Land Economics*, 4.

Siikamäki J. , Layton D. F. , 2007, Potential Cost-Effectiveness of Incentive Payment Programs for the Protection of Non-Industrial Private Forests, *Land Economics*, 4.

Smith R. B. W. , Shogren J. F. , 2002, Voluntary Incentive Design for Endangered Species Protection, *Journal of Environmental Economics and Management*, 2.

Smith V. K. , 1993, Nonmarket Valuation of Environmental Resources: An Interpretive Appraisal, *Land Economics*, 1.

Smith V. K. , Desvousges W. H. , 1986, Measuring Water Quality Benefits, *International Series in Economic Modeling*, 3.

Sohngen B. , Brown S. , 2008, Extending Timber Rotations: Carbon and Cost Implications, *Climate Policy*, 5.

Spring D. , Kennedy J. , Nally R. M. , 2005, Optimal Management of Flammable Forest Providing Timber and Carbon Sequestration Benefits: An Australian Case Study, *Australian Journal of Agricultural and Resource Economics*, 3.

Stainback G. A. , Alavalapati J. R. R. , 2002, Economic Analysis of Slash Pine Forest Carbon Sequestration in the Southern U. S. , *Journal of Forest Economics*, 2.

Stollery K. R. , 2005, Climate Change and Optimal Rotation in a Flammable Forest, *Natural Resource Modeling*, 1.

Stoneham G. , Chaudhri V. , Ha A. , et al. , 2003, Auctions for

Conservation Contracts: An Empirical Examination of Victoria's Bush Tender Trial, Australian, *Journal of Agricultural and Resource Economic*, 4.

Strang W. , 1983, On the Optimal Forest Harvesting Decision, *Economic Inquiry*, 4.

Stranlund J. , 1995, Public Mechanisms to Support Compliance to an Environmental Norm, *Journal of Environmental Economics and Management*, 2.

Swartzman G. L. , Kaluzny S. P. , 1987, Ecological simulation primer, *Biometrics*, 4.

Tahvonen O. , Kallio M. , 2006, Optimal Harvesting of Forest Age Classes under Price Uncertainty and Risk Aversion, *Natural Resource Modeling*, 4.

Tahvonen O. , 2009, Optimal Choice between Even-and Uneven-Aged Forestry, *Natural Resource Modeling*, 2.

Tahvonen O. , Viitala E. J. , 2006, Does Faustmann Rotation Apply to Fully Regulated Forests? *Forest Science*, 1.

Tahvonen Olli, Markku Kallio, 2006, Optimal Harvesting of Forest Age Classes under Price Uncertainty and Risk Aversion, *Natural Resource Modeling*, 4.

Tallis H. , Kareiva P. , Marvier M. , et al. , 2008, An Ecosystem Services Framework to Support both Practical Conservation and Economic Development, *Proceedings of the National Acadecy of Sciences of the United States of America*, 28.

Tao R. , Xu Z. G. , Xu J. T. , 2004, Grain for green project, grain policy and sustainable development, *Social Sciences in China*, 11.

Tassone V. C. , Wesseler J. , Nesci F. S. , 2004, Diverging Incentives for Afforestation from Carbon Sequestration: An Economic Analysis of the EU Afforestation Program in the South of Italy, *Forest Policy and Economic*, 6.

Thorsen B. J. , Helles F. , 1998, Optimal Stand Management with Endogenous Risk of Sudden Destruction, *Forest Ecology and Management*, 3.

Thorsen B. J. , Strange N. , Helles F. , 2007, A Comment on: V. C. Tassone et al. 2004. Diverging Incentives for Afforestation from Carbon Sequestration: An Economic Analysis of the EU Afforestation Program in the South of Italy. Forest Policy and Economics, 6: 567 – 578, *Forest Policy and Economics*, 2.

Thorsen B. J. , 1999, Afforestation as a Real Option: Some Policy Implications, *Forest Science*, 2.

Touza Julia, Termansen Mette, Perrings Charles, 2008, A Bio-economic Approach to the Faustmann-Hartman Model: Ecological Interactions in Managed Forest, *Natural Resource Modeling*, 4.

Uchida Emi, Xu Jintao, Rozelle Scott, 2005, Grain for Green: Cost-Effectiveness and Sustainability of China's Conservation Set-Aside Program, *Land Economics*, 2.

van Kooten G. C. , Arthur L. , Wilson W. R. , 1992, Potential to Sequester Carbon in Canadian Forests: Some Economic Considerations. *Canadian Public Policy*, 2.

van Kooten G. C. , Binkley C. S. , Delcourt G. , 1995, Effect of Carbon Taxes and Subsidies on Optimal Forest Rotation Age and Supply of Carbon Services, *American Journal of Agricultural Economics*, 2.

van Kooten G. C. , Kremar-Nozic E. , Stennes B. , et al. , 1999, Economics of Fossil Fuel Substitution and Wood Product Sinks when Trees are Planted to Sequester Carbon on Agricultural Lands in Western Canada, *Canadian Journal Forest Research*, 11.

Veld KV', Plantinga A. , 2005, Carbon Sequestration or Abatement? The Effect of Rising Carbon Prices on the Optimal Portfolio of Greenhouse-gas Mitigation Strategies, *Journal of Environmental Economics and Management*, 1.

Vickery W. , 1961, Counter Speculation, Auctions and Competitive Sealed Tenders, *The Journal of Finance*, 1.

Wang C. M. , Ouyang H. , Shao B. , et al. , 2005, Assessment of the Sustainability of Grain for Green in Northeast China, 25th IEEE International Geoscience and Remote Sensing Symposium (IGARSS 2005), Seoul, South Korea.

Wang Z. X. , Calderon M. M. , Carandang M. G. , 2006, Effects of Resin Tapping on Optimal Rotation Age of Pine Plantation, *Journal of Forest Economics*, 4.

Whiteman A. , 2003, Money doesn't Grow on Trees: a Perspective on Prospects for Making Forestry Pay, UNASYLVA, 212.

Willock J. , Deary I. J. , Edwards-Jones G. , et al. , 1995, The Role of Attitudes and Objectives in Farmer Decision Making: Business and Environmentally-Oriented Behavior in Scotland, *Journal of Agricultural Economics*, 2.

World Bank, 2007, Promoting Market-Oriented Ecological Compensation Mechanisms: Payment for Ecosystem Services in China, Copyright Clearance Center, Inc.

Wu J. J. , Babcock B. , 1999, The Relative Efficiency of Voluntary vs. Mandatory Environmental Regulations, *Journal of Environmental Economics and Management*, 2.

Wunder S. , 2005, Payments for Environmental Services: Some Nuts and Bolts, CIFOR Occasional Paper 42, Center for International Forestry Research, Jakarta, Indonsia

Wunder S. , 2008, Payments for Environmental Services and the Poor: Concepts and Preliminary Evidence, *Environment and Development Economics*, 3.

Xabadia A. , Goetz R. U. , 2010, The Optimal Selective Logging Regime and the Faustmann Formula, *Journal of Forest Economics*, 1.

Xu Jintao, Zhang Haipeng, Bennett JW, et al. , 2011, Ecological Afforestation in China: A Market-Based Approach (Sustainable Land Use Change in China Research Reports), Crawford School of Economics and Governemtn at the Australian National University.

Yemshanov D. , McKenney D. W. , Hatton T. , et al. , 2005, Investment Attractiveness of Afforestation in Canada Inclusive of Carbon Sequestration Benefits, *Canadian Journal of Agricultural Economics*, 4.

Yemshanov D. , McKenny D. , Fraleight S. , et al. , 2007, An Integrated Spatial Assessment of the Investment Potential of Three Species in Southern Ontario, Canada Inclusive of Carbon Benefits, *Forest Policy and Economics*, 1 - 2.

Yin R. , Zhao M. , 2012, Ecological Restoration Programs and Payments for Ecosystem Services as Integrated Biophysical and Socioeconomic Processes—China's Experience as an Example, *Ecological Economics*, 1.

Yoshimoto A. , Marukšá R. , 2007, Evaluation of Carbon Sequestration and Thinning Regimes within the Optimization Framework for Forest Stand Management, *European Journal of Forest Research*, 2.

Yoshimoto A. , Shoji I. , 1998, Searching for an Optimal Rotation Age for Forest Stand Management under Stochastic Log Prices, *European Journal of Operational Research*, 1.

Yu J. N. , Yao S. B. , Zhang B. S. , 2014, Designing Afforestation Subsidies that Account for the Benefits of Carbon Sequestration: A Case Study Using Data from China's Loess Plateaum, *Journal of Forest Economics*, 1.

Zhang D. W. , Pearse P. H. , 1996, Differences in Silvicultural Investment under Various Types of Forest Tenure in British Columbia, *Forest Science*, 4.

Zhang D. W. , Flick W. , 2001, Sticks, Carrots, and Reforestation Investment, *Land Economics*, 3.

Zhang D. W. , 2001, Faustmann in an Uncertain Policy Environment, *Forest Policy and Economics*, 2.

图书在版编目（CIP）数据

造林补贴政策与林业可持续发展／于金娜，姚顺波
著 . -- 北京：社会科学文献出版社，2018.11
（中国"三农"问题前沿丛书）
ISBN 978 - 7 - 5201 - 3442 - 2

Ⅰ.①造… Ⅱ.①于… ②姚… Ⅲ.①政府补贴 - 财
政政策 - 关系 - 林业经济 - 经济可持续发展 - 研究 - 中国
Ⅳ.①F812.0②F326.23

中国版本图书馆 CIP 数据核字（2018）第 209145 号

中国"三农"问题前沿丛书
造林补贴政策与林业可持续发展

著　　者／于金娜　姚顺波

出　版　人／谢寿光
项目统筹／任晓霞
责任编辑／任晓霞　吕　颖

出　　　版／社会科学文献出版社·社会学出版中心（010）59367159
　　　　　　地址：北京市北三环中路甲 29 号院华龙大厦　邮编：100029
　　　　　　网址：www. ssap. com. cn
发　　　行／市场营销中心（010）59367081　59367083
印　　　装／三河市尚艺印装有限公司

规　　　格／开　本：787mm × 1092mm　1/16
　　　　　　印　张：13.5　字　数：200 千字
版　　　次／2018 年 11 月第 1 版　2018 年 11 月第 1 次印刷
书　　　号／ISBN 978 - 7 - 5201 - 3442 - 2
定　　　价／69.00 元